AND
Chabarowsk
HEILONGJIANG
Daqing
Harbin
Ulan Bator
Wladiwostok
JILIN
Changchun
INNERE MONGOLEI
(Autonome Region)
Shenyang
LIAONING
DEM.
VR.
KOREA
Pjöngjang
Seoul
Hohhot
Gelber Fluss
Beijing (Peking)
Tianjin
REP.
KOREA
HEBEI
Taiyuan
Shijiazhuang
SHANDONG
Yinchuan
Jinan
SHANXI
JAPAN
NINGXIA
HUI
Qufu
Lanzhou
SHAANXI
Zhengzhou
JIANGSU
Xi'an
Terrakotta-
Krieger
Nanjing
HENAN
Shanghai
HINA
Hefei
ANHUI
Hangzhou
HUBEI
Jangtse
Wuhan
CHUAN
Dreischluchten-
damm
ZHEJIANG
hengdu
Nanchang
Chongqing
Changsha
JIANGXI
Fuzhou
Shaoshan
GUIZHOU
HUNAN
FUJIAN
Taibei (Taipeh)
Guiyang
Taiwan
GUANGDONG
Kunming
GUANGXI ZHUANG
Guangzhou (Kanton)
(Autonome Region)
Pazifischer
Ozean
UNNAN
Macau
Hongkong
Nanning
VIETNAM
Hanoi
Haikou
AOS
Hainan
PHILIPPINEN
0
200
400
600 km

STEFAN AUST | ADRIAN GEIGES

Mit Konfuzius zur Weltmacht

Das chinesische Jahrhundert

QUADRIGA

FSC
www.fsc.org
MIX
Papier aus verantwortungsvollen Quellen
FSC® C006701

Dieser Titel ist auch als E-Book erschienen

Quadriga Verlag, Berlin, in der Bastei Lübbe GmbH & Co. KG

Originalausgabe

Umschlaggestaltung: Uwe C. Beyer, Hamburg
Umschlagfotos: George Hammerstein / Corbis;
Godong / Robert Harding World Imagery / Corbis
Karte im Vor- und Nachsatz: Peter Palm, Berlin
Satz: Bosbach Kommunikation & Design GmbH, Köln
Gesetzt aus der Adobe Caslon
Druck und Einband: CPI books, Ebner & Spiegel, Ulm
Printed in Germany

ISBN 978-3-86995-032-7

5 4 3 2 1

Sie finden uns im Internet unter: www.quadrigaverlag.de

Inhalt

»Ohne Konfuzius und ohne den Konfuzianismus sind die in der Weltgeschichte einmalig lange Lebensdauer und die Vitalität der chinesischen Kultur und des Reiches der Mitte schwer vorstellbar.«

Altbundeskanzler Helmut Schmidt

China auf dem aufsteigenden, der Westen auf dem absteigenden Ast

Für chinesische Jugendliche ist Bill Gates ein Idol wie für ihre amerikanischen Altersgenossen Britney Spears. Das Idol der amerikanischen Jugendlichen aber ist – eben Britney Spears. Diesen Vergleich bringt Thomas L. Friedman gern, Kolumnist der *New York Times*, dreifacher Pulitzerpreisträger und Autor des internationalen Bestsellers *Die Welt ist flach*. Weiter sagt er dann: »Und genau das ist unser Problem.«

Fragt man Bill Gates persönlich, so erzählt er, dass die »Qualität der Ideen« im Forschungszentrum von Microsoft in Peking am größten ist. Auf der ACM SIGGRAPH (Association for Computing Machinery's Special Interest Group on Computer Graphics and Interactive Techniques), der globalen Konferenz für Computergrafik und interaktive Technologien, überholten die Microsoft-Entwickler aus Peking die Eliteuniversitäten Massachusetts Institute of Technology (MIT) und Stanford in der Zahl wissenschaftlicher Aufsätze.

Historisch gesehen ist das nichts Neues. Noch im Jahr 1820 erwirtschaftete das Reich der Mitte ein Drittel des Bruttosozialprodukts der Welt. 800 Jahre vor Gutenberg schon druckten die Chinesen Bücher. 1300 Jahre vor den Europäern stellten sie Stahl her. Sie erfanden das Papier, das Porzellan, das Schießpulver und den Kompass.

Aus alten Berichten geht hervor: Die Barbaren im Westen achteten nur wenig auf ihre Sauberkeit, stanken vor sich hin. Chinesen hingegen wuschen sich mit Seife und heißem Wasser. Ihre Sterblichkeitsrate lag niedriger. Über weite Strecken der Menschheitsgeschichte war China die führende Weltmacht.

Als Marco Polo im Jahr 1275 nach Peking kam, staunte er nicht nur über 100 000 Pferde, die Fürsten dem Kaiser zum Geburtstag schenkten, und über die 25 000 Huren, die außerhalb des Palasts ihre Dienste anboten. Ihn schockierte die Größe der Stadt: Zu jener Zeit lebten in Peking schon 1,2 Millionen Menschen, verglichen mit 100 000 in seiner Heimatstadt Venedig, damals der zweitgrößten Stadt Europas. Über den Kaiser von China schrieb Marco Polo: »Die Zahl seiner Untertanen, die Ausdehnung seiner Länder und die Größe seiner Einkünfte übertreffen die aller anderen Fürsten, die je gelebt haben und noch leben. Auch dient kein anderes Volk seinem Fürsten mit so unbedingtem Gehorsam.« Erstmals bekam er die damals in Europa noch wenig bekannte Steinkohle zu Gesicht: »Im ganzen Land Kataia (China) findet man einen schwarzen Stein, den man aus den Bergen holt, wo er in Adern läuft.« Er halte »das Feuer viel besser als Holz«.

Heute staunen sie wieder, die Langnasen, wie Chinesen die Weißen nennen. *The Atlantic*, meinungsbildende Zeitschrift in den USA seit 1857, bezeichnete im Dezember 2010 die Volksrepublik als das führende Land bei der Entwicklung von »sauberer Kohle«, also ihrer abgasarmen Nutzung: »Wer lernen will, wie die Kraftwerke der Zukunft funktionieren, muss nach Tianjin, Shanghai oder Chengdu fahren.« Doch nicht nur im Umgang mit den alten fossilen Energien ist China vorn. Umgerechnet 35 Milliarden US-Dollar investierte das Land 2009 in erneuerbare Energien, doppelt so viel wie die USA und achtmal so viel wie Deutschland.

In 24 Minuten schafft es der Expresszug vom Hongkonger

Flughafen ins Zentrum der Metropole, mit kostenlosem Pendelbus-Anschluss zu allen größeren Hotels. »Es ist traurig, aber wahr«, sagt eine elegant gekleidete Passagierin mit hanseatischem Akzent zu ihrem Mann, »die Chinesen sind auf dem aufsteigenden, wir auf dem absteigenden Ast.« In Hamburg-Fuhlsbüttel müssen sich aus dem Ausland Eintreffende erst einmal europäische Münzen besorgen, da Gepäckwagen nur gegen Geld zu haben sind. In China ist dieser Service kostenfrei. Auf dem Frankfurter Flughafen benutzt man die wenigen Computer mit Internetanschluss im Stehen, wenn sie ausnahmsweise einmal funktionieren. In der Volksrepublik dagegen bietet fast jeder Provinzflughafen bequeme Internetcafés.

Bei einem Peking-Besuch, Ankunft Samstagabend, ist die Straße vor dem Hotel aufgerissen, die Gäste balancieren über Balken. Am nächsten Morgen ist von der Baustelle nichts mehr zu sehen, denn trotz Wochenende ist das Loch schon wieder geschlossen, die Straße geteert und der Teer bereits getrocknet. In Deutschland sind Straßenbaustellen scheinbar für die Ewigkeit.

Chinas Wachstum sprengt alle Vorstellungen: In nur einer Generation, seit 1980, hat sich das Bruttoinlandsprodukt verdreißigfacht. Während dieser Zeit entwickelten sich enorme Unterschiede in den Einkommen. Doch entgegen landläufigen Vorstellungen im Westen ist die Zahl der Armen nicht gestiegen, sondern zurückgegangen. 1981 lebten noch 53 Prozent der Chinesen unter dem Existenzminimum. Jetzt sind es weniger als 3 Prozent. Noch nie zuvor in der Geschichte wurden so viele Menschen in so kurzer Zeit von bitterer Armut befreit.

»China und Indien erobern ihre alten Positionen zurück«, sagt Singapurs Staatsgründer Lee Kuan Yew, der seinen Stadtstaat selbst von einem verkommenen Rattenloch zu gewaltigem Wohlstand geführt hat. »China ist das größte Comeback der Geschichte«, meint auch Jörg Wuttke, Chefrepräsentant der

BASF in Peking und langjähriger Präsident der Europäischen Handelskammer dort.

Zum Lachen sind politische Witze vor allem dann, wenn das Leben sie einholt. Wie der vom sowjetischen Wahrsager, der einst die Parade zum 1. Mai auf dem Roten Platz in Moskau für den Zeitraum von zehn Jahren so voraussah: »Ich sehe Spruchbänder: Frieden, Fortschritt, Sozialismus.« 20 Jahre später: »Die Losung lautet jetzt: Mehr Frieden, mehr Fortschritt, mehr Sozialismus.« 30 Jahre später: »Ich kann es nicht lesen. Es ist alles Chinesisch.« Die Sowjetunion ging unter. Danach blieben die USA als einzige Weltmacht.

Und heute befinden auch sie sich im Siechtum. Die Amerikaner haben über ihre Verhältnisse gelebt und sich ruiniert. Auch der Euro steht für Krise. Ursprungsländer der europäischen Hochkultur wie Griechenland und Italien sind pleite oder stehen kurz davor. Gleichzeitig hat China 3200 Milliarden Dollar Devisenreserven angehäuft, so viel wie kein Land zuvor. Schon mit einem Drittel dieser Summe könnte Peking sämtliche Dax-Unternehmen aufkaufen. In wenigen Jahren wird China die USA als größte Volkswirtschaft der Erde ablösen. Der bisherige Exportweltmeister Deutschland ist bereits übertroffen.

Den unterschiedlich großen Bankguthaben entsprechen gegensätzliche Befindlichkeiten: Während Amerikaner und Deutsche pessimistisch in die Zukunft blicken, meinen 76 Prozent der Chinesen, dass sie in fünf Jahren besser leben werden. Damit sind sie das optimistischste Volk der Erde.

Der Kontrast könnte größer nicht sein. In Stuttgart protestieren »Wutbürger« gegen einen neuen Bahnhof, der seit 15 Jahren geplant ist. Monatelang dreht sich alles um den Protest der »Wutbürger« gegen das Projekt. Der Schutz des Juchtenkäfers, welcher zur Unterfamilie der Rosenkäfer gehört, wird vorgeschoben, um die Bauarbeiten zu stoppen. Polizeieinsätze mit Wasserwerfern und Knüppeleien, endlose Fernsehdebatten und am Ende ein Regierungswechsel demonstrieren die Verweigerungshaltung großer Teile der Bevölkerung.

In eineinhalb Jahrzehnten stampften die Chinesen andererseits ganze Mega-Citys aus dem Boden.

Während an Berliner Schulen der Unterricht im Chaos versinkt, erreicht Shanghai bei der Pisa-Studie Platz 1. Es folgen Hongkong, Singapur und Südkorea. Sie alle berufen sich auf einen Mann, der seit fast 2500 Jahren tot ist: Konfuzius. Er predigte Lernen und Disziplin, genau das, was heute im globalen Wettlauf zählt. Eine repräsentative Umfrage unter 1878 Studenten von 24 chinesischen Universitäten kam 2011 zu dem Ergebnis: Konfuzius gilt ihnen als erster Symbolbegriff für ihre Nation und als die wichtigste Person, die chinesische Werte nach außen vermitteln kann. Mao landet weit abgeschlagen auf Rang 30.

»Beide Hände strecken, dreimal verbeugen!«, schreit der Tempeldiener. Die junge chinesische Touristin in Qufu, dem Heimatort von Konfuzius, trägt ein orangefarbenes Sweatshirt und eine weiße Hose, umklammert einen brennenden Räucherstab, weiß nicht, wie hoch sie ihn halten und wie tief sie sich verbeugen soll. »Richtig so?«, fragt sie. Der Tempeldiener geht nicht auf sie ein, er ruft: »Erste Verbeugung für gute Studienleistungen.« – »Soll ich anfangen?« Stur fährt er mit seinem Ritual fort: »Noch einmal verbeugen. Dafür, dass alle Wünsche wahr werden.« Als sie zögert, befiehlt er: »Verbeugen Sie sich jetzt!« Dann schreit er den nächsten Wunsch in die Welt hinaus, den die Frau vor der Zeremonie angegeben hat: »Dritte Verbeugung für Frieden in der Familie.« In anderen chinesischen Tempeln bleiben solche Wünsche unausgesprochen, aber hier ist es anders. »Gehen Sie zurück, machen Sie noch drei Kotaus«, ordnet der Tempeldiener an.

Der alte Konfuzius ist den Chinesen neu. Viele der traditionellen Bräuche sind verlernt und müssen erst wieder geübt werden, denn bis vor wenigen Jahrzehnten pflegte China noch ganz andere Riten. Damals gab es nur einen Philosophen, der in roter Personalunion Kaiser und Gott war: der Kommunist Mao Zedong. Konfuzius' Schriften ließ er verbieten und auch fast alle anderen Bücher. Dafür veröffentlichte er eines, das alle immer bei sich führten: die kleine rote Mao-Bibel. Hunderttausende Jugendliche schwenkten sie ekstatisch auf dem Platz des Himmlischen Friedens und versuchten, einen Blick des »Großen Vorsitzenden« zu erhaschen, der ihnen vom Tor des Himmlischen Friedens aus zuwinkte. Dazu erklang das Lied »Der Osten ist rot«:

»Der Osten ist rot, die Sonne geht auf,
China hat Mao Zedong hervorgebracht.
Er plant Glück für das Volk,
Hurra, er ist der große Erlöser des Volkes!

Der Vorsitzende Mao liebt das Volk.
er führt uns,
um das neue China aufzubauen,
Hurra, er führt uns nach vorn!

Die Kommunistische Partei ist wie die Sonne,
Und scheint genauso hell.
Wo es eine Kommunistische Partei gibt,
Hurra, da ist die Befreiung des Volkes!«

Alle trugen blaue und braune Arbeitskittel, weshalb damals im Westen das Bild von den »blauen Ameisen« entstand. Eine Generation später gehen Chinesinnen und Chinesen in modischen Kostümen und dunklen Anzügen ins Büro, tragen in ihrer

Freizeit bunt bedruckte T-Shirts und Miniröcke – noch nie hat sich ein Land so schnell verändert. Das kann nicht ohne geistige Folgen bleiben.

Sinologe Tilman Spengler, Jahrgang 1947, beobachtet das damit verbundene Comeback des Konfuzius. Den Geburtsort des Meisters, Qufu, besuchte er schon 1987, als nur wenige Autos dorthin fuhren – und das, in dem Spengler saß, brach dann auch noch 30 Kilometer vor dem Ziel zusammen. Spenglers letzte Hoffnung blieb damals eine Fahrradrikscha. Doch deren Fahrer blickte den Deutschen lange an, spuckte auf den Boden und meinte: »Qufu ist zu weit, und Sie sind zu fett.« Nach halbstündiger Verhandlung einigten sie sich: Der Fahrer radelt die erste Hälfte der Strecke, der Sinologe die zweite. »So kamen die Bewohner des Geburtsorts von Konfuzius in den Genuss eines seltenen Spektakels«, erinnert sich Spengler. »Ein übergewichtiger Ausländer mit hochrotem Kopf radelt auf einer Rikscha deren dürren Besitzer durch die Straßen des kleinen Ortes. Der Besitzer winkt freundlich den staunenden Passanten zu.«

Deutlich weniger Lustiges ereignete sich 2011. Es war ausgerechnet eine Ausstellung über die Kunst der Aufklärung, die von deutschen Museen in Peking gestaltet und von Außenminister Guido Westerwelle eröffnet wurde. Tilman Spengler gehörte zu dessen offizieller Delegation, doch wurde ihm die Einreise verweigert, da er ein Jahr zuvor eine Laudatio auf den chinesischen Friedensnobelpreisträger Liu Xiaobo gehalten hatte.

Spengler wohnt in Berlin, wenn er sich nicht am Starnberger See aufhält und gerade nicht nach China darf. An den Wänden hängen chinesische Tuschzeichnungen und Kalligrafien. »Die Gründe für die fast triumphale Rückkehr des Konfuzianismus liegen erst einmal darin, dass eine Kultur irgendeine Identität braucht«, meint der Sinologe. »Das ganz Merkwürdige für die chinesische Kultur ist, dass sie in den letzten 60 Jahren radikal immer wieder von anderen Seiten ausradiert worden ist. Es hat eine sozialistische Kampagne gegeben, dann hat es eine kapitalistische Kampagne gegeben und viele Bewegungen mehr. Da blieb nicht nur kein Stein, da blieb keine Seele aufeinander. Irgendetwas Ordnungsstiftendes musste her.«

Ein Samstagmorgen im Konfuzius-Tempel von Peking, 1302 erbaut. Der Meister ist in Stein gehauen, auf Tafeln stehen einige seiner wichtigsten Sätze. Eine Konfuzius-Schule eröffnet ihr neues Unterrichtsjahr. Die meisten der 60 Schüler sind im Kindergartenalter. Die Jungen tragen blaue, die Mädchen rosarote Trachten aus der Han-Dynastie, die China von 206 vor Christus bis 220 nach Christus regierte. Schulleiterin Ji Jiejing, deren Umhang schwarz und rot gemustert ist, hängt ständig am Mobiltelefon. Für sie gehören Han-Dynastie und Handy zusammen. Die neuen Konfuzius-Jünger sind stolz auf das China von damals und auf das China von heute. Sie sehen sich als Vertreter einer uralten Kultur, die jetzt ihre Wurzeln sucht. »Die Kultur, die auf Konfuzius zurückgeht, macht seit Jahrtausenden die Seele Chinas aus«, sagt die Leiterin der Konfuzius-Schule. »Unsere traditionelle Kultur ist herzensgütig und rechtschaffen, vernünftig und weise. Schon vor mehr als 2000 Jahren waren wir die führende Kultur. Die jetzige Gesellschaft muss sich auf diese Wurzeln besinnen. Dabei bleiben wir lebensnah und übertragen den Konfuzianismus auf die Gegenwart.«

Vom Scheunenaufseher zum Weltphilosophen – die Karriere des Konfuzius

Der Mann hieß eigentlich Kong Qiu. Er war das außereheliche Kind eines 70-jährigen verarmten Adligen mit einer 16-jährigen Konkubine. Der Junge wurde 551 vor Christus geboren, ein knappes halbes Jahrhundert bevor Rom in Europa zur Republik wurde. Er kam nahe der Stadt Qufu zur Welt, die im damaligen Staat Lu lag und heute zur chinesischen Provinz Shandong gehört. Wegen seiner weisen Reden wurde der Mann später Kong Fuzi genannt, was »Lehrmeister Kong« bedeutet. Jesuitenpater, die im 17. Jahrhundert in China missionierten, übertrugen diesen Namen ins Lateinische, woraus im Westen die Aussprache »Konfuzius« entstand.

Als er zwei war, starb sein Vater. Dessen rechtmäßige Ehefrauen lehnten den Jungen ab, seine Mutter und er durften nicht dabei sein, als der Vater beerdigt wurde. Seine Familie unterstützte die beiden nicht. Und so hungerten sie. Das Kind musste arbeiten, putzen und Botengänge erledigen. Wie überliefert ist, sah es hässlich aus, hatte einen unförmigen Kopf, fiel aber gleichzeitig als fleißiger Schüler auf. Als er 22 Jahre alt war, starb die Mutter. Mit großen Mühen fand der Junge das Grab seines Vaters. Es war ihm wichtig, seine Mutter nach alten Riten mit ihm gemeinsam zu beerdigen. Mit 19 hatte er selbst geheiratet, doch verlief die Ehe unglücklich – nach allem, was man weiß. Der 1,80 Meter große Mann, für damalige chinesische Verhältnisse ein Riese, suchte seine Erfüllung in der Bildung. Geprägt von seinen eigenen Kindheitserfahrungen meinte er, Bildung müsse das Maß aller Dinge sein, nicht die Herkunft. Er vertrat einen revolutionären Gedanken: »*Bildung soll allen zugänglich sein. Man darf keine Standesunterschiede machen.*«

Daran hielt er sich auch selbst, als er eine eigene Schule gründete. Er nahm jeden auf, selbst wenn einer, wie es hieß, »nur ein Bund Dörrfleisch« brachte. Schreiben, Rechnen und Musik unterrichtete er ebenso wie Bogenschießen und Wagenlenken. Vor allem aber vermittelte er Riten und Regeln des Verhaltens. Die Lehranstalt entwickelte sich zu einer Denkschule, zur Keimzelle einer Geistesrichtung. Konfuzius scharte eine immer größere Zahl von Schülern um sich, insgesamt sollen es 3000 gewesen sein. Ein halbes Jahrtausend vor Jesus Christus predigte er Nächstenliebe. Er sagte seinen Anhängern: »*Was man mir nicht antun soll, will ich auch nicht anderen Menschen zufügen.*« Mehr als 2000 Jahre bevor Immanuel Kant umständlich formulierte: »Handle so, dass die Maxime deines Willens jederzeit zugleich als Prinzip einer allgemeinen Gesetzgebung gelten könnte.«

Konfuzius war ein fernöstlicher Pionier von Vernunft und Aufklärung und entwickelte praktische Ideen, wie Menschen zivilisiert zusammenleben sollten. Es waren simple Vorschläge, aber gerade darin lag ihre Stärke: »*Wer ohne Sittlichkeit ist, wird ein Leben in Bedrängnis nicht lange aushalten können. Er wird auch kaum lange in Freude leben. Wer hingegen zu anderen Menschen gut ist, findet darin Zufriedenheit. Darum ist der Weise immer bestrebt, sich so zu verhalten.*« Oder: »*Der Edle schämt sich, wenn seine Worte seine Taten übertreffen.*« Manches, was er vor ewig langen Zeiten formulierte, klingt so, als sei es dem heutigen Arbeitsalltag entnommen: »*Fordere viel von dir selbst und erwarte weniger von anderen! So wird dir Ärger erspart bleiben.*«

Wie bei Jesus oder Sokrates kennt man auch von Konfuzius keine eigenen Schriften. Seine Anhänger notierten, was er sagte, und hinterließen es der Nachwelt. Sie ordneten seine Worte. Das Hauptwerk des Konfuzianismus heißt *Lun-yu*, »Geordnete Worte«, eine Sammlung von Zitaten des Meisters (im Deutschen *Analekte*, *Lehrgespräche* oder einfach *Gespräche* genannt). Als Darstellungsform werden darin oft Dialoge zwischen Konfuzius und seinen Schülern genutzt: »*Zi-gong fragte, was einen Edlen ausmache. Der Meister antwortete: ›Erst handelt er, wie er denkt. Dann spricht er, wie er handelt.‹*«

Um in Harmonie zusammenzuleben, brauchen die Menschen laut Konfuzius Humanität (*ren*), sie müssen gerecht sein (*yi*), für ihre Eltern sorgen und den Vorgesetzten folgen (*xiao*) sowie sich an bewährte Riten halten (*li*). Darüber zu reden reichte Konfuzius nicht. Er strebte in die Politik und wollte seine Visionen verwirklichen. Zunächst bekleidete er nur niedere Verwaltungsposten. So leitete er eine Kornkammer und führte die Aufsicht über öffentliche Weiden. Erst mit 50 gelang ihm der Durchbruch, in einem hohen Alter, gemessen an der geringen Lebenserwartung der Menschen damals.

Sinologe Tilman Spengler sagt über diese späte Karriere: »Dieser Mann wurde dann aber aufgrund seines Talents, seiner Klugheit und seiner Eloquenz Berater eines Fürsten. Das war außerordentlich erfolgreich. Er sagte dem Fürsten, was er tun soll, entwickelte Prinzipien, wie man ein Land ordentlich regiert. Das hat ihn sehr populär gemacht – so populär, um es mit chinesischen Erinnerungen zu sagen, dass der Name des Konfuzius wie ein Gesang von Mund zu Mund weiterwanderte.«

Schließlich soll Konfuzius es sogar zum Bau- und dann zum Justizminister des Staates Lu gebracht haben. Bilder von damals zeigen Frauen und Männer, die auf breiten Fußgängerpromenaden spazieren. Kinder üben an Zupf- und Schlaginstrumenten. Als die Germanen noch Wilde waren, schuf Konfuzius im Staat Lu ein zivilisiertes Gemeinwesen. Die Bewohner genossen gute Bildung, unabhängig von ihrer sozialen Herkunft, entsprechend dem Motto des Konfuzius: »*Unter dem Himmel dient alles der Gemeinschaft.*« Er ließ die Nahrungsmittel gerecht verteilen und führte kostenloses Schulessen ein.

Doch Herzog Ding, der Konfuzius gefördert hatte, geriet bald unter Druck. Der beim Volk beliebte Konfuzius wurde immer mehr zu einer umstrittenen Person, denn den führenden Familien des Staates Lu passte es überhaupt nicht, was Konfuzius erklärte: Bildung und Moral seien wichtiger als soziale Herkunft. Es braute sich etwas zusammen in China, das damals in mehrere Länder zersplittert war. Auch die Herrscher der Nachbarstaaten von Lu hielten nichts von dem, was da zu ihnen herüberwehte. Sie griffen zu einem Mittel, das in Ost wie West gleichermaßen funktioniert: Sex. Konfuzius wusste, wie das wirkt, hatte er doch selbst gesagt: »*Ich habe noch niemanden gesehen, der innere Werte genauso liebt wie äußere Schönheit.*«

»Der Fürst des Nachbarstaats schickte eine Truppe von 80 Gesangsmädchen«, erzählt Tilman Spengler. »Sie verführten den Herzog von Lu. Der ließ darauf von Konfuzius ab und gab sich den Sinnesfreuden hin. Konfuzius war wieder arbeitslos und einsam, zog mit seinen Schülern durch die Welt. Er lebte danach noch fast 20 Jahre, starb, verkannt.«

Bevor Konfuzius im damals äußerst hohen Alter von 72 Jahren verstarb, trat er eine Reise an: 13 Jahre lang wanderte er mit seinen Schülern durch die Teilstaaten Chinas – und unterrichtete. »*Lernen und sich immer wieder darin zu üben, bringt das nicht große Freude?*«, sagte er damals. Auf seiner Wanderschaft geriet er immer wieder in Gefahr, mehrmals verhungerte er beinahe. Trotzdem stritt er weiter für seine Lehren, was entscheidend zu seinem Ruhm unter den Nachgeborenen beigetragen hat.

Heute ist Konfuzius' Heimatort Qufu ein Provinznest. Anders als in Peking oder Shanghai stauen sich nicht Autos auf den Straßen, stattdessen drängen sich Fahrräder und Mopeds. Shops von Apple oder Louis Vuitton findet man hier keine, dafür einen kleinen Laden nach dem anderen, der Krimskrams verkauft oder Obst anbietet. Doch von hier kamen die Ideen, die China und ganz Ostasien seit Jahrtausenden prägen. Dabei erlebte der Siegeszug des Konfuzius immer wieder Rückschläge.

Qin Shihuangdi (»Erster erhabener Gottkaiser von Qin«) vereinigte 221 vor Christus sieben streitende Reiche zu einem riesigen Imperium. Als erster Kaiser regierte er es bis zum Jahr 210 vor Christus (mehr als 100 Jahre vor der Geburt von Gaius Julius Cäsar, mit dem der europäische Kaiserbegriff entstand). Obwohl Qin Shihuangdi ganz China nur kurz beherrschte, wirkt sein Einfluss bis heute: Er vereinheitliche die Schriftzeichen, das Geld und die Maßeinheiten für Gewichte, Längen- und Hohlmaße. Unter seiner Führung entstand ein Straßennetz, das ganz China durchzog und 6800 Kilometer lang war. Auf den Namen seiner Dynastie, Qin, so vermutet man, geht die im Westen gebräuchliche Landesbezeichnung China zurück. Chinesisch heißt der Staat bis heute *zhongguo*: »Reich der Mitte«.

Der erste Kaiser von China jedoch misstraute den Ideen des Konfuzius, die bereits stark verbreitet waren in dem von ihm beherrschten Kulturraum. Er ließ die Schriften über den Philosophen verbrennen und einige seiner Anhänger lebendig begraben. Das veranlasste einen anderen Konfuzius-Hasser, Mao, 1958 zu der Aussage: »Qin Shihuangdi hat nur 460 konfuzianische Gelehrte lebendig begraben, wir 46 000.«
Schon 656 vor Christus wurden in China Festungsanlagen erwähnt, die an eine Mauer erinnerten. Ab 214 vor Christus ließ Qin Shihuangdi die Chinesische Mauer mit gestampfter Erde und Feldsteinen ausbauen, um das Reich vor Nomadenstäm-

men aus dem Norden zu schützen. Damals erreichte die Mauer bereits eine Länge von 4800 Kilometern. Eine Million Chinesen arbeiteten daran, das entsprach einem Fünftel der männlichen Bevölkerung: Sie wurden aus allen Teilen der Bevölkerung und aus allen Provinzen des Kaiserreichs zwangsrekrutiert. In einem zeitgenössischen Bericht hieß es: »Wird dir ein Sohn geboren, so lass ihn nicht heranwachsen, ist es aber ein Mädchen, ernähre es mit Hackfleisch. Denn zahllose Söhne des Volkes wurden von der Wache des Kaisers aufgegriffen und zum Bau der Mauer geschleift. Und wer ergriffen wurde, kam nie mehr nach Hause zurück. Oh, du Leid der Menschen, oh, du Qual des Tods, verflucht sei die Willkür der Hochstehenden! Einem Berg gleich türmten sich die Gebeine der Gestorbenen, denn der Kaiser baute, und das Volk stöhnte unter der Last seines Vorhabens.« Die Körper derer, die erschöpft zusammenbrachen, wurden als Baumaterial genutzt. Manchmal bestraften die Aufseher derart auch diejenigen, die gepfuscht hatten. »Bissigen Hunden gleich waren die Aufseher. Hatten sie irgendein Loch entdeckt, ein kleines Loch, in das der Finger eines Knaben hineinpasste, so wurden zehn – ja ganze zehn Bauarbeiter an dieser Stelle lebend eingemauert. Mehr Menschen fraß die Mauer als Steine und Mörtel.«

Spätere Dynastien bauten die Mauer weiter aus, besonders die Ming (1368–1644), die Befestigungen aus Bruchsteinen und Ziegeln errichteten – und damit die Mauer, wie wir sie heute kennen. Sie erreichte schließlich eine Länge von fast 9000 Kilometern. Das entspricht ungefähr der Entfernung von Hamburg nach Los Angeles. Bis heute ist die Mauer das bei Weitem größte Bauwerk der Erde. Vom Mond aus kann man sie allerdings nicht sehen – zumindest heute nicht mehr, auch wenn das manchmal behauptet wird. Viele Abschnitte bestehen nur noch aus Ruinen oder sind von Sträuchern überwuchert. Trotzdem wird die historische Dimension der Mauer in einem

Scherz deutlich, der am Ende der DDR die Runde machte. Danach sagt Erich Honecker auf der Chinesischen Mauer, die er tatsächlich bestiegen hat: »Zugegeben, unsere Mauer ist nicht so schön wie eure. Dafür wird unsere länger stehen.«

Die Krieger des ersten Kaisers stehen vor dem Betrachter stramm. Ihre Gesichter sind voller Emotionen. Manche starren furchterregend, anderen huscht ein Lächeln über die Lippen. Sie bilden eine Armee aus 8000 Männern, 150 Kavalleriepferden sowie 520 weiteren Pferden vor 130 Kampfwagen, umgeben von einem sechs Kilometer langen Wall. Die Terrakotta-Krieger nahe der zentralchinesischen Stadt Xi'an sind, neben der Chinesischen Mauer, das andere große Weltwunder, das auf den ersten Kaiser von China zurückgeht. Schon mit 13, als er König von Qin wurde, begann er mit den Planungen für sein Leben nach dem Tod. Er wollte das gewaltigste Mausoleum, das je für einen Herrscher erbaut wurde. Und bis heute ist er unübertroffen – besonders dank der Armee, die ihn auf ewig schützen soll. Keine der Figuren aus gebranntem Ton gleicht der anderen. Alte Männer sind ebenso dabei wie junge Rekruten, Bogenschützen genauso wie Reiter. Verschiedene Uniformen lassen den jeweiligen Dienstrang erkennen. Wahrscheinlich wurden die Tonfiguren nach dem Vorbild von lebenden Menschen geschaffen, Pferde aus Bronze ziehen vierspännige Wagen.

Im Frühjahr 1974, 2184 Jahre nach dem Ableben des Ersten erhabenen Gottkaisers, gruben der Bauer Yang Xinman und weitere Männer aus seinem Dorf nach Wasser. »Es war sehr trocken in jenem Jahr, auf den Feldern starb das Korn«, erinnert sich der 81-Jährige heute. »Die Vorsteher unseres Dorfes entschieden, dass wir einen neuen Brunnen bohren müssen. Die rote Erde war sehr hart. Am dritten Tag stieß ich auf etwas, das ich für einen Krug hielt. In Wahrheit war es der Kopf eines

Terrakotta-Kriegers. Aber davon wussten wir damals nichts. Als wir weiter gruben, kam ein ganzer Körper aus Ton zum Vorschein. Eine Statue aus einem Tempel, vermuteten wir. Ich meldete es.«

Die Regierung schickte Experten, sie gruben in der Umgebung, immer weitere Krieger kamen zum Vorschein. Sie stellen fest: Der Zufallsfund war die größte archäologische Sensation des 20. Jahrhunderts. Bauer Yang blickt auf die Krieger in Grube eins, eine der drei Fundstellen, in denen die Soldaten des ersten Kaisers heute ausgestellt sind, überdacht und vor zu viel Licht geschützt, das sie zerstören könnte. »Hier haben wir den ersten gefunden«, sagt er und zeigt auf eine weiße Platte, die an ihre Tat erinnert. Yang ist in China ein Prominenter geworden, Touristen scharen sich um ihn, lassen Bücher über die Terrakotta-Krieger von ihm signieren. Der erste Kaiser Chinas hatte 20 Familien nahe seinem Mausoleum ansiedeln lassen, sie sollten über die Grabstätte wachen. »Ich bin einer der Nachfahren von ihnen«, meint der Bauer.

Heute sind es allerdings vor allem Wissenschaftler, die diese gigantische Grabstätte beschützen. Beim Kontakt mit der Luft verlieren die Krieger ihre bunten Farben. Doch nun besteht eine Verbindung nach Bayern. Chemieprofessor Heinz Langhals von der Münchner Ludwig-Maximilians-Universität entwickelte eine Konservierungsmethode. Aktiv beteiligt ist auch Professor Erwin Emmerling, der an der Technischen Universität München den Lehrstuhl für Restaurierung, Kunsttechnologie und Konservierungswissenschaft innehat. Sie arbeiten mit chinesischen Kollegen zusammen, die vor Ort eine Art Lazarett für Tonsoldaten betreiben, denn ständig werden neue gefunden.

Drei Frauen stehen um einen Krieger, dessen abgebrochene Glieder sie bereits zusammengefügt haben. Mit Linealen messen sie ihn aus und tragen die Daten in eine Liste ein. »Die

Krieger sind wie Kranke«, sagt Xia Yin, Vizedirektor des Konservierungsinstituts beim Museum für die Terrakotta-Soldaten. »Wir kümmern uns darum, dass sie wieder so werden wie vorher.« Auch die Waffen der Krieger sind erhalten. Mit Begeisterung in den Augen zeigt Museumsführerin Han Donghong auf Bronzeschwerter. »Sie wurden vor mehr als 2200 Jahren mit Chrom überzogen, um sie vor Korrosion zu schützen«, sagt sie. »Das zeigt, was für eine entwickelte Zivilisation China damals war.« Auf dem Schild in der Glasvitrine steht: »Wissenschaftliche Tests haben ergeben, dass die Oberfläche der Schwerter Chrom in einer Dicke von 10 bis 15 Millionstel Meter enthält. Diese Technik für Chromüberzüge wurde in Deutschland 1937 und in den USA 1950 erfunden – aber in China entstand sie schon vor 2200 Jahren.«

Und das größte Geheimnis ist noch gar nicht gelüftet: Nahe dem Museum liegt der Grabhügel, in dem der Erste erhabene Gottkaiser von Qin selbst begraben ist. Was darin zu sehen sein soll, beschrieb der Historiker Sima Qian in seinem 109 bis 91 vor Christus geschriebenen Werk *Shiji* so: »An einer hohen Decke sind Tausende von Perlen und Edelsteinen befestigt, die den Sternenhimmel symbolisieren. Auf dem Boden befindet sich ein Panorama von China mit Seen und Flüssen aus Quecksilber. Eine Mechanik hält sie ständig am Fließen. Der Kaiser liegt in der Mitte der Halle in seinem Sarg.« Tatsächlich wurde an dem Hügel eine weit überdurchschnittliche Quecksilberkonzentration nachgewiesen. Noch kann er nicht geöffnet werden, da die Archäologen befürchten, ohne ausreichende Vorbereitung das zu zerstören, wonach sie suchen. Und es spielt auch Angst mit. Die Museumsführerin sagt, auf die immer wieder verschobenen Ausgrabungen am Hügel selbst angesprochen: »Der Geist des Ersten Kaisers lebt weiter.«

Als der erste Kaiser starb, brachen in China Unruhen aus, die mit dem Sturz der Qin-Dynastie endeten. »Die Despotie hatte Staat und Gesellschaft auseinandergerissen und die Stabilitätsbreite des politischen Systems so minimiert, dass die Macht bereits nach 15 Jahren zu Ende war«, schreibt Professor Ralf Moritz, deutscher Konfuzius-Herausgeber und Gründungsdirektor des Ostasiatischen Instituts in Leipzig. Die späteren Kaiser Chinas erkannten: Der Konfuzianismus kann mit seiner Philosophie der Ordnung und Harmonie die Entwicklung des Reichs fördern. Sie konnten ihn gut für sich gebrauchen. Zwar stellte Konfuzius hohe Anforderungen an die Herrscher, doch verlangte er vom Untertanen auch, dem Herrscher zu gehorchen.

Han Gaozu stürzte die Qin-Dynastie mit seinem Rebellenheer und ernannte sich selbst zum ersten Kaiser der Han-Dynastie (206 vor bis 220 nach Christus). Zunächst äußerte er noch seine Skepsis über die Gelehrten und ihre Bücher *Shi* und *Shu*, zwei konfuzianische Klassiker: »Ich habe das Reich zu Pferde gewonnen – was soll ich da mit dem *Shi* und dem *Shu*?« Der Konfuzius-Anhänger Lu Jia antwortete ihm: »Ihr habt das Reich auf dem Pferde gewonnen. Aber könnt Ihr es auch zu Pferde regieren?« Schließlich reiste der erste Han-Kaiser nach Qufu, um das Grab des Konfuzius zu besuchen. Seine Nachfolger erhoben die Lehre des Philosophen – vielmehr das, was ihnen davon passte – zur Staatsideologie. Sie befahlen, dem Konfuzius viermal im Jahr zu opfern, und zwar jeweils ein Rind, ein Schaf und ein Schwein.

Die Tang-Kaiser (618–907) ordneten an, in allen Städten Chinas Konfuzius-Tempel zu errichten, dem Tempel in Qufu nachgebildet, dem Heimatort des Philosophen. Der selbst hatte mit Religion nichts am Hut: *»Worüber der Meister nicht sprechen mochte, das waren Zauberei, Kraftstücke, Aufruhr und Geister«*, heißt es in den *Gesprächen des Konfuzius*. Und an anderer Stelle:

»Wer nicht den Menschen zu dienen versteht, wie kann der den Geistern dienen?«

Wichtiger als solche Kulthandlungen aber war ein System, das China für immer prägen sollte, besonders ab der Song-Dynastie (960–1279): die Auswahl von Beamten durch Aufnahmeprüfungen. Bei denen mussten die Anwärter zeigen, wie sie mit den vier Hauptwerken des Konfuzianismus vertraut waren, nämlich *Das große Lernen*, *Gespräche des Konfuzius*, *Mitte und Maß* sowie dem *Buch des Mengzi* (des bedeutendsten Nachfolgers von Konfuzius, der ungefähr von 370 bis 290 vor Christus lebte). Weitere Pflichtlektüre waren die »Fünf Klassiker«, *Buch der Wandlungen*, *Buch der Lieder*, *Buch der Riten*, *Buch der Urkunden* und *Frühlings- und Herbstannalen*. Diese Werke bestanden aus insgesamt 431 000 Schriftzeichen, welche die Kandidaten auswendig lernen mussten. In manchen Jahren fielen 98 Prozent von ihnen durch. Doch sie lernten nicht nur stupide auswendig. In einer Prüfung mussten sie etwa folgenden Satz des Konfuzius erörtern: *»Sei gewissenhaft in deinem Verhalten und nur im Umgang mit dem Volk nachsichtig.«* In Europa gelangte damals nur in Führungspositionen, wer in den Adelsstand geboren war, während in China im Prinzip jeder Minister werden konnte – auch wenn man natürlich einen gewissen Wohlstand brauchte, um die Zeit zu finden, sich auf die Prüfung vorzubereiten.

»Ohne die Lehre des Konfuzius kann das Reich auch nicht einen Tag bestehen«, heißt es in einer Inschrift aus der Ming-Dynastie (1368–1644). Während ihrer Herrschaft wurde in Peking der Kaiserpalast gebaut, eines der Prunkstücke der Weltarchitektur – auch Verbotene Stadt genannt, denn nur der Kaiser und seine Angehörigen durften diese stadtähnliche Palastanlage betreten, außerdem Minister und Gesandte, Konkubinen und Eunuchen. Ihre Bauweise entspricht der Philosophie der Ordnung, die Konfuzius entwickelt hat. Alle Tore und Zeremonialgebäude stehen auf der Nord-Süd-Achse. Die Haupthallen, etwa die Halle der Kultivierung des Herzens und die Halle der Vollkommenen Harmonie, schauen nach Süden. Zur Verbotenen Stadt gehören acht Paläste, acht Hallen und fünf Torbogen, insgesamt 9999 Räume. Geschwungene Dächer in kräftigem Gelb, der Farbe des Kaisers, erheben sich über Mauern in Rot, der Farbe von Glück und Erfolg. Zeugnisse von Chinas alter Größe.

Den Ming-Kaisern diente auch der Eunuch Zheng He (1371–1433), der es bis zum Admiral brachte. Verglichen mit ihm war Kolumbus ein Hobbysegler. Zheng He befehligte 27 870 Seeleute auf 300 Schiffen, unternahm sieben Expeditionen nach Südostasien, Indien, Afrika und Arabien. Astronomen und Meteorologen begleiteten ihn. Kolumbus hingegen hatte gerade mal 90 Mann, seine drei Nussschalen waren lediglich halb so groß wie Zheng Hes 140 Meter langes neunmastiges Schiff.

Die Geschichte von Zheng He zeigt aber auch etwas anderes: Wer die Fenster zur Außenwelt schließt, der erstickt. Ein Land, das sich nicht erneuert, geht unter. Denn unmittelbar nach dem Tod des Eunuchen beging China einen historischen Fehler, der den späteren Abstieg der Weltmacht einleitete: Der Kaiser verbot den Bau von hochseefähigen Schiffen, ließ die bisherigen vernichten und die Eigentümer verhaften. Begründung: Das Reich der Mitte brauche keine Verbindungen zur Außenwelt. Die europäischen Nationen entwickelten sich und expandierten – zum Leid der Kolonialvölker. China blieb stehen.

Mao – der rote Gott

33 Jahre vor Hitlers Machtergreifung rief Kaiser Wilhelm II. zum Massenmord an einer anderen Rasse auf. In seiner berüchtigten »Hunnenrede« erklärte er am 27. Juli 1900 vor deutschen Truppen, die er nach China verabschiedete: »Pardon wird nicht gegeben! Gefangene werden nicht gemacht! Wer euch in die Hände fällt, sei euch verfallen! Wie vor tausend Jahren die Hunnen unter ihrem König Etzel sich einen Namen gemacht haben, der sie noch jetzt in Überlieferung und Märchen gewaltig erscheinen lässt, so möge der Name Deutscher in China auf 1000 Jahre durch euch in einer Weise bestätigt werden, dass es niemals wieder ein Chinese wagt, einen Deutschen scheel anzusehen!«

Bei der Niederschlagung des sogenannten Boxeraufstands eroberten und plünderten die Deutschen Peking, gemeinsam mit Japanern, Briten und weiteren westlichen Mächten.

Aufgrund solcher Erfahrungen stoßen westliche Reden über Moral und Menschenrechte in China auf taube Ohren. Die Engländer etwa machten sich dort im 19. Jahrhundert vor allem als Drogendealer einen Namen. Damals wie heute plagte den Westen ein Handelsdefizit im Verhältnis zu China. Die Chinesen lieferten Porzellan, Seide und Tee. Die Europäer hatten wenig anzubieten. Ihre Kleider etwa stießen kaum auf Interesse, da das Niveau der Baumwollverarbeitung in China weit höher war. Deshalb überschwemmten die Briten das Reich der Mitte mit Opium. Vor allem das britische Staatsunternehmen East India Company betrieb diesen Handel. Kaiser Daoguang wollte das unterbinden, um die Gesundheit der Chinesen zu schützen. Im Jahr 1839 ließ er 22 000 Kisten Rauschgift verbrennen, worauf Großbritannien sein Reich angriff.

Es war der Erste Opiumkrieg, der mit der Abtretung Hongkongs endete. Im Zweiten Opiumkrieg (1856–1860) unterstützte Frankreich den britischen Feldzug für den Freihandel mit Drogen. Die Invasoren drangen bis in den Alten Sommerpalast am nordwestlichen Stadtrand von Peking vor und wüteten dort wie die Vandalen. Sie setzten Schlösser in Brand, zertrampelten prächtige Gärten, die mehr als ein Jahrhundert lang kultiviert worden waren. Sie raubten Goldschmuck und Porzellanvasen, die bis zu 3600 Jahre alt waren. Der französische Schriftsteller Victor Hugo schrieb damals: »Zwei Räuber sind in ein Museum eingebrochen, haben es verwüstet, geplündert und verbrannt und dann lachend Hand in Hand verlassen mit ihren Säcken voll mit Schätzen. Der eine Räuber hieß Frankreich und der andere Großbritannien.« Um die Gefühle der Chinesen nachzuvollziehen, muss man sich die Reaktionen der Westeuropäer vorstellen, sollten Chinesen einmal den Buckingham Palace oder die Gärten von Versailles dem Erdboden gleichmachen.

Teile Shanghais gerieten unter die Kontrolle von Franzosen, Briten und Amerikanern, über wichtigen Gebäuden wehten die Fahnen der Eindringlinge. Am Eingang des Huangpu-Parks warnte ein Schild: »Zutritt für Hunde und Chinesen verboten.« Europäer und Amerikaner benahmen sich wie Herrenmenschen, ließen sich von Kulis in Sänften herumtragen. Die Chinesen wurden im eigenen Land zu Menschen zweiter Klasse.

Der Hass auf die Ausländer wuchs. Doch immer stärker richtete sich der Unmut auch gegen die Kaiserdynastie der

Qing, da sie die Demütigung der einst führenden Kulturnation nicht verhinderte. Ein Aufstand in der Stadt Wuchang führte zur Revolution. 1912 musste das Kind abdanken, das nun auf dem Drachenthron saß, der sechsjährige Pu Yi. Bis heute ist er bekannt durch Bernardo Bertoluccis Monumentalfilm *Der letzte Kaiser*.

Der Demokrat Sun Yat-sen wurde Präsident der neuen Republik China, starb aber 1925 an Leberkrebs. China zerfiel in Herrschaftsgebiete von Warlords, die einander bekriegten. Tote lagen auf den Straßen, Rauch von Explosionen stieg auf, all das gehörte zum Alltag. Die Japaner besetzten Teile des Landes und betrieben grausamen Völkermord. Während der Jahreswende 1937/38 töteten sie in der damaligen Hauptstadt Nanjing 300 000 chinesische Männer, Frauen und Kinder.

Die Chinesen erhoben sich gegen ihre Unterdrückung. Zunächst spielte die nationalistische Partei Guomindang dabei die Hauptrolle. Doch sie war korrupt, weshalb die Kommunistische Partei und deren Volksbefreiungsarmee immer mehr Zulauf erhielten. Vor allem arme Bauern schlossen sich ihnen an. Von den Dörfern aus umkreisten sie die Städte. Im Mai 1949 eroberten die Roten Shanghai, eine der letzten Bastionen des alten Regimes.

Die jungen Soldaten vom Lande staunten über Luxus und Laster in der Metropole – sie zählten 700 Bordelle. In Vergnügungsstätten wie der »Allee des konzentrierten Glücks« waren jährlich die »100 besten Huren« gewählt worden. Ein englischer Missionar hatte einst gestöhnt: »Wenn Gott Shanghai überleben lässt, muss er sich bei Sodom und Gomorrha entschuldigen.« Als Maos Bauernsoldaten auch das bekannte *Peace Hotel* »befreiten«, entdeckten sie Keramikeinrichtungen in den Badezimmern. Sie nutzten die ihnen unbekannten Toiletten, um Reis zu lagern. Zu Problemen kam es, so die Legende, als einige der Befreier versehentlich auf die Spülung drückten.

Am 1. Oktober 1949 rief Mao Zedong auf dem Platz des Himmlischen Friedens in Peking die Volksrepublik China aus. Ein Meer von roten Fahnen wehte, die Gesichter spiegelten Erregung, immer wieder toste Beifall. Das Gefühl von Millionen damals: China ist wieder auferstanden. Zum ersten Mal seit Langem war das Land vereint und von fremden Mächten befreit.

17 Jahre später, gleicher Ort: Es waren Hunderttausende. Sie schwenkten die kleine rote Mao-Bibel, eine Zitatensammlung nach dem Vorbild der *Gespräche*, mit denen sich Mao zum neuen Konfuzius erheben wollte. Jeder auf dem Platz hatte ein Mao-Abzeichen angesteckt, 4,8 Milliarden davon wurden damals in China gepresst. Schüler und Studenten, aus allen Teilen des Riesenlandes angereist, schrien im Chor: »Der Vorsitzende Mao möge 10 000 Jahre leben!« Dann erschien der 72-Jährige am Tor des Himmlischen Friedens. »Lernt Revolution machen, indem ihr Revolution macht!«, rief er ihnen zu. Mädchen kreischten, weinten, viele brachen zusammen. Es war der 18. August 1966, die erste Massenkundgebung der »Großen Proletarischen Kulturrevolution«.

Zwei Wochen zuvor hatten Schülerinnen einer Pekinger Mädchenschule ihre Rektorin geschlagen, sie mit kochendem Wasser übergossen und zu Tode getrampelt. Konfuzius hatte stets Respekt gegenüber Lehrern gefordert, Konfuzius-Gegner Mao verkehrte das auf perverse Weise ins extreme Gegenteil. Eine der Mörderinnen durfte ihm auf der Kundgebung nun eine rote Armbinde umlegen. Der Dialog zwischen ihr und dem »Großen Vorsitzenden« stand tags darauf in allen Zeitungen: »Wie heißt du?«, fragte er. »Song Binbin«, antwortete sie. »*Bin* bedeutet wohlerzogen und sanft«, stellte er fest. Sie bejahte. Mao sagte ihr: »Sei gewalttätig!« Song änderte darauf ihren Namen in »Sei gewalttätig«. Auch ihre Schule wurde in einer feierlichen Zeremonie umbenannt – fortan hieß sie »Rote gewalttätige Schule«. Schon Konfuzius hatte gewarnt: »*Konsequent sein wollen, aber keine Bildung haben – das führt zu fanatischer Besessenheit.*«

Unter Mao geriet ein Viertel der Menschheit in Ekstase für einen Despoten, der selbstherrlicher war als jemals ein Kaiser von China. Er hat mehr Menschen auf dem Gewissen als je ein Diktator zuvor, vergleichbar nur mit den beiden anderen Massenmördern des 20. Jahrhunderts, Hitler und Stalin. Er war ein übler Bursche – und ein übel riechender dazu. Mao benutzte keine Zahnbürste und sagte seinem Leibarzt: »Ein Tiger putzt sich auch nie die Zähne, und trotzdem sind sie scharf.« Er wusch sich nie die Haare und duschte nicht. »Seine Unterhose fühlte sich so dünn an, dass ich mich nicht traute, sie zu reiben, und sie nur sanft glatt strich«, erzählte eine Dienerin, die seine Wäsche wusch, Jahrzehnte später. »Ich dachte dabei an den Vorsitzenden Mao. Er ist der Führer der Menschen auf der Welt und führt doch so ein hartes Leben.«

9. September 1976, ein Jahrzehnt nach Beginn der Kulturrevolution, Universität von Sichuan in der Stadt Chengdu: Die Vorlesungen wurden abgebrochen. Um 15 Uhr sollten sich alle Studenten versammeln. Nichts Besonderes, dachte die Englischstudentin Jung Chang, das war Alltag damals an chinesischen Universitäten. Mit schmerzverzerrtem Gesicht trat die Parteisekretärin der Fakultät vor die Studenten, aus den Lautsprechern krächzte ihre stockende Stimme: »Unser Großer Führer, der Vorsitzende Mao, unsere verehrungswürdige Eminenz …« In diesem Moment begriffen alle, was passiert war, und begannen zu schluchzen: Mao war tot.

Keiner traute sich, ihn zu beerdigen. Noch heute liegt seine Leiche in Peking unter Kristallglas aufgebahrt, stehen Menschen anderthalb Stunden Schlange, um ihm die letzte Ehre zu erweisen. Sein 6,50 Meter hohes und 5 Meter breites Bild prangt weiter am Tor des Himmlischen Friedens. »Es ist, als würde Hitlers Porträt am Brandenburger Tor hängen«, erregt sich Jung Chang, die Englischstudentin von damals, inzwischen weltweit bekannt durch ihren Bestseller *Wilde Schwäne* von 1991.

China bekennt sich in der Verfassung weiter zum Maoismus. Präsident Hu Jintao sagt: »Für immer und unter allen Umständen werden wir das Banner der Mao-Zedong-Ideen hochhalten.«

Auch einfachen Chinesen fällt es schwer, sich von ihm zu lösen. Heute in Maos Geburtsort Shaoshan: Der »Große Vorsitzende« thront auf einem Sessel und raucht. Vor der Marmorstatue wirft sich eine Bäuerin auf den Boden. Touristen aus Peking prosten Mao mit Schnaps zu, wie sonst in China Trauernde am Grab den verstorbenen Eltern. Ein junges, elegant gekleidetes Paar aus der Provinz Anhui und seine zwölfjährige Tochter zünden Räucherkerzen an wie in einem Tempel: »Der Vorsitzende Mao wird unsere Familie segnen.« Jedes Jahr pilgern anderthalb Millionen Chinesen nach Shaoshan. Nicht alle kommen freiwillig. Vor einer sechs Meter hohen Bronzestatue des Diktators fahren zwei Busse mit Lehrern aus der Provinz Hubei vor, denen dieser Besuch von der Schulbehörde verordnet wurde. Sie falten die Hände und beten den Atheisten Mao an. »Sie können sich jetzt etwas wünschen, der Vorsitzende Mao wird Sie erhören«, brüllt die Reiseführerin in ihr Megafon. Mao ließ Tempel, Moscheen und Kirchen sprengen – und soll jetzt selbst Gott sein?

»Das entspricht unserer chinesischen Tradition«, sagt Tian Haiming. »Konfuzius war auch erst ein Mensch. Später wurde er wie ein Gott verehrt.« Der Bildhauer stellt Mao-Statuen her, von der Schreibtischfigur bis zur überlebensgroßen Skulptur für den Garten. Tian verdient nicht nur an Mao, er glaubt auch an ihn. Besucher führt er zu einem Berg, der die Form von Maos

Gesicht angenommen haben soll – ein Wunder, das sich nur Tiefgläubigen erschließt.

Ein großer Führer? Gott? Die chinesische Autorin Jung Chang hat sich zwölf Jahre lang mit Mao beschäftigt, gemeinsam mit ihrem Mann, dem britischen Historiker Jon Halliday. Sie interviewten Hunderte Zeitzeugen innerhalb und außerhalb Chinas, die Mao getroffen hatten, durchstöberten Archive in zehn Ländern. Herausgekommen ist dabei die bisher umfassendste Mao-Biografie.

Als Mao starb, hatte Jung Chang ihren Kopf auf die Schulter einer Mitstudentin gelegt, um ihre Freude zu verbergen. Ihr Vater war in einem von Maos Arbeitslagern ums Leben gekommen. »Ich habe mich in dem Buch Mao vorurteilsfrei genähert«, versichert sie. Das verblüffende Ergebnis: Fast alles, was in China – und von Nachbetern im Ausland – über Mao erzählt wird, stimmt nicht. Das fängt mit einfachen Daten an. Die Kommunistische Partei Chinas wurde 1921 von Mao gegründet, heißt es in China. 2011 wurde der angebliche 90. Jahrestag groß gefeiert. Die »Gründungsstätte« in Shanghai gehört heute zu den Sehenswürdigkeiten für Touristen. In Wahrheit trafen sich dort Genossen einer bereits existierenden Partei. Sie entstand schon 1920, allerdings ohne Mao. Der sah sich zu jener Zeit noch um, welche politische Gruppe ihm die beste Aussicht auf Karriere bot. »Menschen wie ich sind nur sich selbst verpflichtet, wir haben keine Verpflichtungen anderen gegenüber«, notierte er, ein junger Mann fern von den Sitten des Konfuzius und den chinesischen Traditionen.

Die KP-Führer preisen Mao in Sonntagsreden, er habe die Bauern befreit. Jung Changs Buch ist voll von schier unglaublichen Geschichten über diese »Bauernbefreiung«. Sie befragte nicht nur Opfer, sondern auch Maos engste Kampfgefährten. Chinas Regierung warnte diese davor, mit der abtrünnigen Autorin zu sprechen, doch Chang stellt fest: »Sie schmachten danach, die Wahrheit zu erzählen.« So schildert eine beteiligte KP-Funktionärin, was in Maos »Befreiungskrieg« 1947 passierte: Rotarmisten klopften in der Region Yan'an an jede Hütte, forderten die Bauern auf, Getreide abzugeben für die revolutionäre Truppe. »Ich habe nichts«, wimmerte eine junge Mutter. Die Revolutionäre packten sie und schleppten sie mit ihrem Baby zum Dorfplatz. Dort fesselten sie die Frau, und der Kommandant schlug sie mit einem Stock, riss ihr die Bluse vom Leib, und da sie noch stillte, tropfte Milch herab. Das Baby weinte und krabbelte auf dem Boden, versuchte Milchtropfen aufzulecken. Immer mehr Schaulustige sammelten sich. Einer überragte sie alle, war 1,83 Meter groß. Er trug einen einfachen Soldatenmantel, und alle hörten ihm respektvoll zu, als er mit feierlicher Stimme sagte: »Wir müssen töten. Es ist gut, zu töten.« Sie nannten ihn schon damals den »Großen Vorsitzenden«. Es war Mao. Als die Mutter starb, rissen sie den Säugling in Stücke und warfen ihn in einen Brunnen.

Maos Aufstieg wurde von Exzessen begleitet. Eine junge Halbchinesin aus England erlebte, wie im Zentrum Pekings 200 Menschen zur Schau gestellt und dann durch Kopfschüsse getötet wurden. Ihre Hirnmasse spritzte auf die Umstehenden. Als sich Bauernführer der Provinz Henan über das Morden beschwerten, brüllte Mao sie an: »Eine Revolution ist kein Bildermalen oder Deckchensticken. Es ist notwendig, eine Schreckensherrschaft in jedem Bezirk zu errichten.«

Noch heute werden in China 10 000 Menschen pro Jahr hingerichtet, mehr als in allen anderen Ländern der Erde zusammen. Dabei war Chinas Vordenker Konfuzius seiner Zeit weit voraus, als er schon vor 2500 Jahren die Abschaffung der Todesstrafe forderte. *»Ji Kang-zi wollte von Konfuzius wissen, wie regiert werden solle. Dabei meinte er: ›Sollte man nicht um einer guten Sache willen alle jene töten, die nicht den rechten Weg gehen?‹ Konfuzius entgegnete ihm: ›Wieso müsst ihr töten, wenn ihr regiert? Ihr selbst müsst das*

Gute nur wirklich wollen, dann wird auch das Volk gut werden.‹« Doch Mao regierte eben ganz anders. Während des von ihm inszenierten »Großen Sprungs nach vorn« 1958 bis 1961 verhungerten 38 Millionen Menschen – die größte Hungersnot in der Geschichte der Menschheit. Mao presste den Bauern Getreide und Fleisch ab, um damit bei der Sowjetunion und anderen sozialistischen Ländern Know-how für den Bau der Atombombe zu kaufen. »In den beiden kritischen Jahren 1958 und 1959 hätten allein die Getreideexporte, die fast genau sieben Millionen Tonnen ausmachten, genügt, um 38 Millionen Menschen täglich mit weiteren 840 Kalorien zu versorgen – dem Unterschied zwischen Leben und Tod«, schreibt Jung Chang.

Auch die DDR kam in den Genuss der Lieferungen und konnte 1958 die Lebensmittelrationierung aufheben. Chinesische Bauern ernährten sich währenddessen von Gras und Blättern. Ganze Dörfer starben aus. »Die Toten sind nützlich«, erklärte Mao am 9. Dezember 1958 vor Spitzenfunktionären der Partei. »Sie düngen den Boden.« Viele im Westen glaubten damals, China habe, anders als Indien, den Hunger besiegt. Mao persönlich versorgte Bewunderer wie den US-Journalisten Edgar Snow mit Märchen über gigantische Umwälzungen, die dieser in seinem Buch *Roter Stern über China* verbreitete. Revolutionsromantik mischte sich mit Fernost-Exotik – Unkenntnis mit politischem Kalkül. Der Fußballer Paul Breitner las beim Training der Nationalmannschaft demonstrativ die Mao-Bibel. Der Philosoph Jean-Paul Sartre lobte Maos »revolutionäre Gewalt« als »tief moralisch«. US-Außenminister Henry Kissinger nannte ihn einen »Mönch, der seine revolutionäre Reinheit bewahrt hat«.

Tatsächlich war Mao nur eines wichtig: seine Macht. Und die wollte er auf die ganze Welt ausdehnen. 1957, beim Gipfel der kommunistischen Parteien in Moskau, sah er seine Stunde gekommen. Stalin war seit vier Jahren tot, der neue sowjetische Parteichef Chruschtschow umstritten. Als einziger ausländischer Parteiführer wohnte Mao im Kreml, wo ein Zimmer eigens für ihn eingerichtet war, mit Holzbett und Hocktoilette. Über das weiche Federbett und die westliche Kloschüssel hatte er sich zuvor beschwert. Hier in Moskau rief er die versammelten KP-Führer dann zum Atomschlag gegen den Westen auf: »Im schlimmsten Fall stirbt die Hälfte der Weltbevölkerung. Aber der Imperialismus wäre ausgelöscht, und die ganze Welt würde sozialistisch.« Die Zuhörer schauten sich entsetzt an.

Viele Chinesen feiern den Bauernsohn im blauen Kittel weiter als Erlöser. »Der Osten ist rot, die Sonne geht auf, China hat Mao Zedong hervorgebracht.« Die Hymne der Kulturrevolution schallt über den Platz vor der Mao-Statue, während die Rentner in Shaoshan morgens um sechs ihre Holzschwerter schwingen. »Mao hat den Frühsport erfunden«, behauptet die 62-jährige Zhang Jihong. Die Alten erinnern sich, dass es unter Mao fast nichts zu essen gab. Doch das, glauben sie, »war die Schuld der örtlichen Funktionäre, Mao wusste davon nichts, er ist und bleibt der größte Führer unseres Landes«.

Wer heute durch die chinesischen Fernsehkanäle zappt, findet ein Dutzend Seifenopern, die Mao verherrlichen. Dabei wird viel geschossen, schließlich befreit er das Land von den japanischen Besatzern – eine Geschichte, die man in China von klein auf hört. Allerdings: Sie ist frei erfunden.

Den Krieg gegen Japan führten die Nationalisten – die Gegner Maos, die später nach Taiwan flohen. 1937 befahl Mao seinen Soldaten, sich aus den Kämpfen gegen die japanischen Eindringlinge herauszuhalten und abzuwarten, bis diese die Nationalisten geschwächt hatten. Als sich japanische Besucher 1961 bei Mao für Kriegsverbrechen wie das Massaker von Nanjing entschuldigten, entgegnete er: »Ich würde eher den japanischen Kriegsherren danken.« So steht es in *Mao Zedong über die*

Diplomatie, einer Sammlung von Äußerungen Maos, die 1998 in Peking erschien. Hätten die Japaner nicht große Teile Chinas besetzt, »wären wir heute noch in den Bergen«. Im chinesischen Geschichtsunterricht werden diese Sätze von Mao nicht zitiert, genauso wenig wie die von Karl Marx über die angeblich positiven Auswirkungen des britischen Opiumhandels in China: »Es hat den Anschein, als habe die Geschichte dieses ganze Volk erst trunken machen müssen, ehe sie es aus seinem ererbten Stumpfsinn aufrütteln konnte.«

Mao beging nicht nur Verrat an der Nation – er sorgte auch nicht für seine eigene Familie, ganz im Gegensatz zu den konfuzianischen Vorschriften. Auf dem Langen Marsch der Roten Armee brachte seine Frau He Zizhen 1935 in einer Strohhütte ein Mädchen zur Welt. Die Rotarmisten vertrauten das Kind einer alten Bäuerin an, die sie mit Silberdollar und Opium bezahlten. Maos Frau protestierte, denn die Greisin konnte keine Milch geben, nach drei Monaten starb der Säugling. Mao zuckte mit den Schultern: »Das war richtig, wir mussten das tun.« Seine Frau weinte, er hatte schon einige ihrer vorherigen Kinder zurückgelassen, sie waren verschollen. Als sich andere Kämpferinnen empörten, spottete Mao: »Was habt ihr Frauen so Angst vor der Geburt? Schaut euch meine Frau an, ihr geht eine Geburt so leicht von der Hand wie einer Henne das Eierlegen.« Später löste er die Ehe mit He Zizhen per Brief auf: »Ab jetzt sind wir nur noch Genossen.« He Zizhen war Maos dritte Ehefrau. Vorher war er mit Yang Kaihui verheiratet, die Maos Gegner in Changsha zum Tode verurteilten. Mao selbst lag mit seinen Truppen vor der Stadt, aber er rettete seine Frau nicht, denn er war bereits mit seiner neuen Partnerin zusammen.

Während seiner vier Ehen nahm sich Mao jede andere Frau, die er wollte. Er trieb es mit Bordbegleiterinnen in seinem Zug und mit Schauspielerinnen, mit Beamtinnen der Staatskanzlei und mit Dolmetscherinnen. 1966, im Land tobte der Terror der Kulturrevolution, vergnügte er sich im abgeschirmten Regierungssitz Zhongnanhai mit zwei Dutzend blutjungen Mädchen. Sie tanzten zur Melodie von »Der freudesuchende Drache flirtet mit dem Phönix«, einem Lied, das zu dieser Zeit in China als pornografisch verboten war. Dann wählte Mao die fünf hübschesten aus und zog sich mit ihnen zurück – er liebte Sex mit mehreren Frauen. Die Mädchen empfanden es als Ehre, sich dem »Großen Vorsitzenden« hinzugeben.

Überall im Land ließ er sich monströse Gebäude errichten. In Shaoshan wurde unter dem Decknamen »Projekt 203« ein gigantischer Wohnkomplex aus Stahl und Beton gebaut, mit eigener Bahnlinie sowie erdbeben- und atombombensicherem Bunker. Ein kompletter Gebirgszug wurde dafür abgeriegelt, die Bauern mussten das Gebiet verlassen. Ganze elf Tage wohnte Mao dort. Er lebte wie ein Kaiser und regierte wie ein Despot. »Mao war verantwortlich für 70 Millionen Tote in Friedenszeiten«, fasst Jung Chang das Ergebnis ihrer Recherchen zusammen. »Kein anderer politischer Führer des 20. Jahrhunderts reicht hier an ihn heran.«

Trotzdem genießt Mao in China weiter großes Ansehen – selbst unter den neuen Kapitalisten. »Er ist ein Vorbild für uns Unternehmer«, sagt Edward Zeng, Gründer und Chef von Sparkice, einem der größten Internetunternehmen in China. »Mao war ein Mann mit Visionen.« Der Kommunist wollte einst das Geld abschaffen. Heute prangt sein Porträt auf jedem Schein.

Der neue Kurs der Kommunisten: Harmonie statt Klassenkampf

»Deine Schülerin und Waffenkameradin«, stand auf dem Kranz, den Jiang Qing vor dem Leichnam ihres Mannes niederlegen ließ. Die mittelmäßige Schauspielerin war Maos vierte Frau. Sie inszenierte die acht revolutionären »Modellopern«, welche zwangsweise die traditionelle Pekingoper ersetzten, und gehörte zu den Hauptdrahtziehern der Kulturrevolution. Als der »Große Vorsitzende« beerdigt wurde, zeigte das chinesische Fernsehen immer wieder sie und ihre engsten Kampfgefährten, die in China als »Viererbande« bezeichnet werden. Viele befürchteten, sie würden nun die Macht übernehmen. Doch hinter den Kulissen tobte bereits der Kampf.

Einen Monat nach Maos Tod wurde Jiang Qing in die Huairen-Halle der Funktionärssiedlung Zhongnanhai bestellt, zu einer »Sitzung über die Veröffentlichung des fünften Bands von Maos *Gesammelten Werken*«. Ausgewählte Soldaten des Korps 8341 hielten sich versteckt, um sie zu verhaften. Doch sie kam nicht. Die Verschwörer wurden nervös. War sie gewarnt worden? Bereitete sie den Gegenangriff vor, etwa mit Einheiten der paramilitärischen Volksmiliz, die ihr treu ergeben waren? Die »Sitzung« war auf 20 Uhr angesetzt, um 22 Uhr war die gefürchtete Witwe noch immer nicht gekommen. Darauf stürmten die Soldaten ihr Wohnhaus. Jiang Qing lag im Bett, ergab sich sofort und sagte: »Lange schon habe ich diesen Tag vorausgesehen.« Ein Sondergericht verurteilte die Witwe zum »Tod auf Bewährung«, später nahm sie sich selbst das Leben.

Nachdem Jiang Qing und die anderen Mitglieder der »Viererbande« verhaftet waren, setzte sich der Machtkampf fort. Entsprechend Maos letztem Willen wurde Hua Guofeng sein Nachfolger, ein farbloser Funktionär, der Maos Geburtsort Shaoshan in die Wallfahrtsstätte verwandelt hat, die sie bis heute ist. Sein Programm nannte er »zwei alles« – alles, was der tote Mao entschieden hat, sei richtig gewesen, und alles, was er gesagt hat, müsse weiter »unentwegt in die Tat umgesetzt« werden. Doch die meisten in der Partei begriffen: Das Riesenreich lag am Boden und konnte so nicht aus der Krise geführt werden.

Auf öffentlichen Plätzen stellten Menschen Glasflaschen auf – ein Zeichen ihrer Sympathie für einen Mann, dessen Name auf Chinesisch ausgesprochen wird wie »kleine Flasche«, *xiao ping* – Deng Xiaoping. In manchen Perioden diente er Mao als treuer Erfüllungsgehilfe, begleitete ihn auf seinem Langen Marsch und verfolgte kritische Intellektuelle während der »Anti-Rechts-Kampagne« 1957. Aber in vielerlei Hinsicht war er das Gegenteil von Mao. Während der nie im Ausland gelebt hatte, ging Deng schon als 16-Jähriger nach Frankreich, wo er Blumen aus Gaze und Seide flocht und als Monteur bei Renault jobbte. In den fünf Jahren dort lernte er Rotwein, Croissants und Käse lieben und bekam auch politisch einen Blick auf die Welt außerhalb des Reichs der Mitte.

Und eben deshalb eckte er immer wieder an in der Kommunistischen Partei, in der er aufgrund seines Organisationstalents schnell aufstieg. Bereits 1935, 14 Jahre vor dem Sieg der Roten, fiel er das erste Mal in Ungnade. Seine Frau verließ ihn und heiratete einen seiner Gegner in der Partei. Er stritt sich mit Mao, als Ende der 50er-Jahre Millionen Chinesen beim »Großen Sprung nach vorn« verhungerten. Während Mao revolutionäre

Visionen verkündete, wollte Deng die Wirtschaft ankurbeln. Schon damals sagte er: »Egal, ob eine Katze schwarz ist oder weiß, Hauptsache, sie fängt Mäuse.« Ins Deutsche übersetzt: Hauptsache, die Wirtschaft funktioniert. Der Pragmatiker Deng trotzte dem Ideologen Mao. Doch der rächte sich, verbannte Deng im Jahr 1966, bis dahin Vizepremier, und ließ ihn als Arbeiter in einer Traktorenfabrik arbeiten. Im selben Jahr sperrten Rotgardisten Dengs Sohn in ein radioaktiv verseuchtes Labor. Er konnte sich nur mit einem Sprung aus dem Fenster retten und ist seither querschnittgelähmt. Erst 1971 durfte der Vater ihn zu sich nehmen, pflegte ihn, wusch täglich seinen Körper.

Als Mao 1976 starb, war Deng bereits 72 Jahre alt. Er sollte China stärker verändern als Mao, doch das schien damals noch unvorstellbar, denn gerade war Deng wieder aller Funktionen enthoben worden. Während der Kulturrevolution wuchs eine ganze Generation auf mit dem Ruf: »Nieder mit Deng Xiaoping!« Aber vielleicht nutzte ihm das: Er war bekannt und galt als Kritiker der Morde und der chaotischen Auseinandersetzungen. Alle anderen wichtigen Gegenspieler Maos waren bereits tot. Auch hatte er mehr Erfahrung und Talent als die Mitglieder der amtierenden Führung. Geschickt arbeitete er an seinem Comeback. 1977 wurde er wieder als Vizepremier eingesetzt. Im Dezember 1978 holte er zum großen Schlag aus: Man müsse »das Denken befreien, den Kopf anstrengen, die Wahrheit in den Tatsachen suchen und nach vorn blicken«, beschloss das Zentralkomitee der KP auf sein Drängen. Auf gut Chinesisch hieß das: Nicht alles, was Mao gesagt hatte, war richtig. Der Klassenkampf ist vorbei, stattdessen muss jetzt die Wirtschaft modernisiert werden. Mit dieser ZK-Sitzung begann die »Reform und Öffnung Chinas«, bis heute das Leitmotiv der chinesischen Politik.

Was Deng wagte, war für China unglaublich. Das Land, das

früher den Großgrundbesitzern und später den »Volkskommunen« gehörte, bewirtschafteten die Bauern nun auf eigene Rechnung. In vier Sonderwirtschaftszonen durften ausländische Unternehmen investieren und Profite machen, später im ganzen Reich. Mit Margaret Thatcher vereinbarte er die Rückkehr Hongkongs zu China, wobei die Stadt mindestens 50 Jahre kapitalistisch bleiben sollte. Dengs Motto: »Ein Land – zwei Systeme.« Er schickte sogar einen Brief an Taiwans Präsidenten Chiang Ching-kuo, Sohn des Bürgerkriegsfeinds Chiang Kai-shek von der nationalistischen Guomindang, in dem es hieß: »An die Freundschaft in der Kindheit zurückdenkend, sollten wir die Vergangenheit vergangen sein lassen und uns kurz entschlossen für Friedensverhandlungen entscheiden.«

Präsident oder Parteivorsitzender war Deng Xiaoping nie. Bis zu seinem Tod 1997 zog er es vor, hinter den Kulissen die Fäden zu ziehen. Er bekleidete etwa als Chef der Militärkommission und der Beraterkommission verschiedene Ämter, verzichtete später aber auch auf diese. Am Schluss war er nur noch »Ehrenvoller Vorsitzender der chinesischen Bridge-Vereinigung«. Die Zeitungen wussten nicht, wie sie ihn nennen sollten und behalfen sich damit, ihn »Oberster Führer« zu nennen. Doch niemand focht Deng Xiaoping als höchste Autorität in China an. Er war jetzt der Vater der Nation, ganz in Konfuzius' Sinne – obwohl er von diesem wenig sprach. Altbundeskanzler Helmut Schmidt fragte ihn einmal halb ironisch, halb im Ernst: »Eigentlich haben Sie sich einen falschen Namen gegeben. Sie nennen sich Kommunistische Partei, dabei müssten Sie in Wirklichkeit Konfuzianische Partei heißen.« Einen Augenblick stutzte Deng, dann sagte er: »Na wenn schon!«

Mit heute über 80 Millionen Mitgliedern ist die Kommunistische Partei Chinas die bei Weitem größte Partei der Erde. Doch mit einer Partei im westlichen Sinne lässt sie sich nicht vergleichen – vielmehr gleicht sie dem Beamtenheer der chinesischen Kaiser, das im Geist von Konfuzius erzogen wurde. In Aufnahmeprüfungen mussten die Kandidaten beweisen, dass sie die Lehren des Philosophen beherrschen. Auch in die KP wird nicht jeder aufgenommen. Er muss von zwei Mitgliedern empfohlen werden und sich während einer Kandidatenzeit prüfen lassen, unter anderem auf seine ideologischen Kenntnisse. Ist er dann erst einmal Parteimitglied, besucht er ständig weitere Schulungen. Über die Parteilinie entscheidet er nicht, denn die wird von neun Männern festgelegt, die einen bürokratischen Titel tragen: »Mitglieder des Ständigen Ausschusses des Politbüros des Zentralkomitees der Kommunistischen Partei Chinas«.

Jeder Tourist kennt die Verbotene Stadt in Peking, den alten Kaiserpalast. Reiseführerinnen erzählen ihm, dass dank der Revolution heute auch normale Bürger diesen Ort betreten dürfen. Was sie meist nicht erwähnen: Wenige Hundert Meter entfernt liegt ein Teil des Kaiserpalastes, der nach wie vor eine Verbotene Stadt ist: Zhongnanhai, übersetzt »Mittlerer und Südlicher See«. Hinter hohen roten Mauern wohnen und arbeiten die roten Kaiser von heute, teils in Gemächern der Kaiser von damals, teils in grauweißen Zweckbauten.

Der Ständige Ausschuss entscheidet in diesem Ambiente, ob Volkswagen ein neues Werk in China bauen darf und wie Pekings Botschafter bei den Vereinten Nationen zu Syrien abstimmt. Fernsehteams und Pressefotografen sind dabei nicht zugelassen, auch keine chinesischen. Die Mitglieder des Politbüros »geben dem Reich der Mitte die großen Strategien vor, und dafür nehmen sie sich die Zeit, die westliche Politiker oft in Talkshows verplaudern«, hieß es einmal im *Spiegel*. »Regelmäßig lässt sich das Politbüro von Akademikern in ›Studiensitzungen‹ über allerneueste globale Trends in Wissenschaft und Wirtschaft berichten – von der Biotechnologie bis zur Krankenversicherung.«

Zwar hat China auch eine Regierung, deren Premier natürlich dem Politbüro angehört, doch die Minister setzen nur um, was die Parteiführung beschließt. Dieses Organisationsprinzip zieht sich durch alle Ebenen der chinesischen Gesellschaft: Ob Gerichte oder Massenmedien – wer etwas werden will, muss der Partei beitreten und sich ihrer Disziplin unterwerfen. Die Parteiführung der jeweiligen Ebene beschließt – und folgt dabei den Vorgaben der nächsthöheren Führung. Hier treffen sich Lenins »demokratischer Zentralismus« und konfuzianische Hierarchie.

Das gilt auch in der Wirtschaft: In Großbetrieben steht der Vorsitzende der Betriebsparteiorganisation über dem Generaldirektor. Deshalb versuchen besonders gewiefte Manager, beides in Personalunion zu sein. Die Allmacht über Politik und Business reicht der Partei nicht aus, sie will auch die Menschen erziehen, aus ihnen »zivilisierte Bürger« machen – wie einst Chinas größter Philosoph. In den *Gesprächen* sagt Konfuzius' Schüler Zi-gong über ihn: »*Hätte er einen Staat zu regieren bekommen, dann könnte man von ihm sagen: Was er anordnete, wurde getan; er wies den Weg, und die Menschen gingen ihn; er ließ sie zufrieden sein, und von überall kamen sie herbei; er setzte die Menschen in Bewegung, und sie handelten in Harmonie und Eintracht.*«

1981 ließ Deng Maos Ziehsohn Hua Guofeng absetzen und machte Hu Yaobang zum neuen Parteichef. Der wollte neben wirtschaftlichen auch politische Reformen. Er traf sich mit dem Bruder des Dalai Lama und schlug sogar vor, Chinesen sollten mit Messer und Gabel statt mit Stäbchen essen. Sein Erneuerungsstreben ging Deng allerdings zu weit, bis er ihn 1987 schließlich feuerte. Das wiederum machte Hu Yaobang zum Helden der Intellektuellen. Als er 1989 starb, versammelten sich Tausende auf dem Platz des Himmlischen Friedens (Tiananmen) und trauerten um ihn. Das spontane Beileid wandelte sich in Protest. Studenten schrieben in Wandzeitungen: »Der Falsche ist gestorben.« Sie warfen Deng Xiaoping vor, er reformiere nur die Wirtschaft, halte aber an der Diktatur der Partei fest – und an seiner eigenen. Die Rebellion weitete sich aus: Auch Arbeiter und Angestellte schlossen sich an. In mehr als 400 Städten demonstrierten Chinesen.

Doch wahrscheinlich traf Deng Xiaoping am meisten, dass die Volksbewegung für Demokratie über Wochen den Platz des Himmlischen Friedens besetzt hielt, das Herz der Hauptstadt. Dort bauten einige sogar eine neun Meter hohe Nachbildung der amerikanischen Freiheitsstatue aus Gips und Styropor. Wieder setzte sich Deng über den Parteichef hinweg, der jetzt Zhao Ziyang hieß, und rief stattdessen greise Veteranen der Revolution zusammen. »Wir fürchten uns weder davor, Blut zu vergießen«, sagte er ihnen, »noch vor der internationalen Reaktion darauf.«

Scheinbar widersinnig: Obwohl diese Urgesteine der Revolution Konfuzius ablehnten, vermissten sie bei diesen Studenten den Respekt vor den Alten. Den hatte Konfuzius gefordert, und er ist zur chinesischen Tradition geworden. Der verlangte Respekt und die geforderte Treue gehen sehr weit: *»Der Präfekt von She unterhielt sich mit Konfuzius. Dabei sagte er: ›Hier sind die Menschen wahrhaft aufrichtig. Der eigene Sohn bringt es zur Anzeige, wenn sein Vater ein Schaf gestohlen hat.‹ Dazu bemerkte der Meister: ›Bei uns ist das anders. Bei uns deckt der Vater den Sohn, und der Sohn deckt den Vater. Darin liegt Aufrichtigkeit.‹«*

Am frühen Morgen des 4. Juni 1989 rückten Panzer der 27. und der 38. Armee auf den Platz des Himmlischen Friedens vor. In den Nebenstraßen eröffneten sie das Feuer. Um die Welt ging das Bild eines Manns mit Plastiktüte in der Hand, der sich den Panzern in den Weg stellte. Verzweifelt rief er: »Warum seid ihr hier? Ihr habt nichts anderes getan, als Unglück über uns zu bringen. Wegen euch ist meine Stadt ins Chaos gestürzt.« Die Panzer fuhren um ihn herum.

An anderen Orten Pekings dagegen schlug die Staatsmacht brutal zu. »Als die Panzer vorbei waren, da lagen nur Leichen, da blieben nur Tote zurück, und es kamen sofort Soldaten und Polizisten, die Benzin darauf gossen und die Leichen an Ort und Stelle verbrannten«, erzählte damals eine Pekinger Studentin, die dabei war. »So wollten sie die Spuren löschen, damit man nicht zählen und nicht wissen konnte, wie viele Menschen ermordet wurden. Und dann stand ein Krankenwagen da. Drinnen saßen viele verletzte Studenten. Die Fahrer waren alle aus Angst weggelaufen. Dann sagte ein Student: ›Ich kann fahren, ich fahre euch weg.‹ Er ist eingestiegen. Als er gerade anfahren wollte, kam ein Polizist, ein ›Anti-Gewalt-Polizist‹, das ist eine Spezialeinheit, und der hat diesen Fahrer erst einmal erschossen. Dann kamen weitere Polizisten in den Wagen und haben alle Studenten, die darin saßen, erschossen. Einen voll besetzten Wagen.«

Das chinesische Rote Kreuz hat die Unterlagen der Pekinger Krankenhäuser ausgewertet und kam zu folgendem Ergebnis: Beim Tiananmen-Massaker wurden 2600 Menschen getötet und 7000 verwundet. Parteichef Zhao Ziyang, der sich unter Tränen bei den Studenten entschuldigte, musste abtreten und lebte bis zu seinem Tod unter Hausarrest.

Zwölf Jahre später versammelten sich wieder Hunderttausende auf dem Platz des Himmlischen Friedens. Doch statt der Freiheitsstatue trugen sie rote Fähnchen mit fünf gelben Sternen. Für die meisten, die nach 1989 groß geworden sind, ist die Fahne der Volksrepublik kein Symbol des Kommunismus, sondern steht für die chinesische Nation. Gespannt warteten sie auf die Ergebnisse der Tagung des Internationalen Olympischen Komitees (IOC) in Moskau, wo über das Gastgeberland für die Sommerspiele 2008 entschieden wurde. Sie waren auf eine lange Nacht eingestellt, denn bei den vorherigen Olympischen Spielen hatte das IOC vier bis fünf Wahlgänge gebraucht, um sich auf einen Austragungsort zu einigen. Schon einmal war Peking gescheitert, 1993, als es sich um die Sommerspiele des Jahres 2000 bewarb. Jetzt wurden erst die Ergebnisse des zweiten Wahlgangs bekannt gegeben. Der greise, damals kurz vor seinem Abschied stehende IOC-Präsident Juan Antonio Samaranch verlas sie mit stockender Stimme: Peking hatte sich mit 56 zu 22 Stimmen gegen Toronto durchgesetzt. Die Menge auf dem Tiananmen-Platz konnte es nicht fassen, vielen flossen die Tränen. Unter ihr begeistertes Volk mischten sich jetzt die Mitglieder des Politbüros, was in China selten passiert. Staats- und Parteichef war derzeit Jiang Zemin, ein ausgebildeter Elektroingenieur mit dicker Hornbrille, der vor deutschen Staatsgästen gern Goethes »Erlkönig« und vor amerikanischen Abraham Lincolns Rede von Gettysburg rezitierte – beides natürlich in der Originalsprache.

Eine Begegnung mit Jiang Zemin am 3. April 2002: Chinas Herrscher sprechen nur selten mit der Presse, selbst einheimische Journalisten kommen kaum an sie heran. Streng nach Protokoll sollte deshalb das *Spiegel*-Interview mit dem Präsidenten ablaufen, Fragen mussten vorher schriftlich eingereicht werden. Bei einem gemeinsamen Fototermin sollten die ebenfalls schriftlichen Antworten übergeben werden. Doch als Jiang Zemin uns im abgeschotteten Regierungsviertel Zhongnanhai in akzentfreiem Deutsch begrüßte, ermunterte er zum freimütigen Gespräch.

Das fand dann in einem großen Saal statt, an dessen Wänden rundum auf dicken, rot bezogenen Sesseln Mitglieder der Parteihierarchie saßen, um den Worten des »Großen Vorsitzenden« einem deutschen Magazin gegenüber zu lauschen. Erwartungsvoll blickte uns Jiang Zemin an, als hätte er keine

Ahnung, dass die Interviewfragen längst schriftlich beantwortet waren. Also führten wir das Gespräch noch einmal, diesmal direkt und persönlich.

Herr Präsident, in dieser Woche besuchen Sie die Bundesrepublik. Was verbindet Sie mit unserem Land?

JIANG: »Die deutsche Nation ist eine große Nation, die weltberühmte Schriftsteller, Philosophen und Komponisten hervorgebracht hat. Während meiner Studienzeit habe ich Deutsch gelernt und Werke von Kant, Goethe, Hegel und Marx gelesen. Deutschland kenne ich von mehreren Besuchen. Mich beeindruckt besonders die Mentalität der Deutschen, ihre logische Denkweise, ihre Intelligenz und Disziplin sowie ihr Fleiß.«

Welche Rolle sollte die Bundesrepublik in der internationalen Politik spielen? Sehen Sie in Berlin einen Gegenpol zum Weltpolizisten USA?

JIANG: »China und Deutschland setzen sich beide für den Aufbau einer fairen, gerechten politischen und wirtschaftlichen Weltordnung ein. Wir begrüßen, dass Deutschland in den regionalen und internationalen Angelegenheiten eine aktive Rolle spielt. Wir wollen nicht, dass irgendein Staat zum Weltpolizisten wird.«

China hat sich der Koalition für den Kampf gegen den Terrorismus angeschlossen. Welchen Beitrag kann Peking in diesem Kampf leisten?

JIANG: »Wir lehnen alle Formen von Terrorismus entschieden ab und sind dafür, die Täter vor Gericht zu stellen. Auch unser Land leidet unter dem Terrorismus. Nach den Anschlägen vom 11. September haben wir unser Engagement in der weltweiten Anti-Terror-Zusammenarbeit verstärkt und werden auch im Rahmen der UNO aktiv.«

US-Präsident George W. Bush hat Nordkorea, Iran und den Irak als Achse des Bösen bezeichnet. Wie weit ist China bereit, Washingtons Politik mitzutragen?

JIANG: »Für uns ist Harmonie das oberste Gebot. Mit Gewalt sind internationale Streitigkeiten nicht beizulegen. Im Gegenteil: Damit werden Frieden und Stabilität erschüttert. Wir plädieren für den Dialog. Wie Deutschland und die meisten anderen Staaten wollen wir die Irak-Frage nach den Vorgaben der UNO-Resolution lösen.«

China hat in den vergangenen Jahren einen enormen wirtschaftlichen Aufschwung erlebt und ist seit Kurzem Mitglied der Welthandelsorganisation. Doch viele Staatsbetriebe sind nicht konkurrenzfähig, Staat und Banken schwer verschuldet. Wie wird Ihr Land mit diesen Herausforderungen fertig?

JIANG: »Sie haben recht: Wir haben Erfolge erzielt, die in aller Welt anerkannt werden. Gleichzeitig stellen wir nüchtern fest, dass es beträchtliche Probleme gibt, die für einen solchen Entwicklungsprozess normal sind. Ich bin überzeugt, dass wir sie in den Griff kriegen werden.«

Wie soll das konkret funktionieren?

JIANG: »Unsere Hauptanliegen bleiben Reform und Öffnung der Wirtschaft. Wir wollen den Lebensstandard für alle Bürger verbessern. Dazu werden wir weiter die Inlandsnachfrage ankurbeln. Zugleich müssen wir die Rahmenbedingungen für das Markt-, Finanz- und Regulierungssystem vervollkommnen. Unsere Staatsbetriebe brauchen eine moderne Betriebsorganisation. Wir planen außerdem, die Hightech-Branche schneller zu entwickeln.«

Die Reformen haben ihre Schattenseiten: Umweltverschmutzung, Arbeitslosigkeit und eine wachsende Kluft zwischen Arm und Reich. Wie wollen Sie diese Probleme bewältigen?

JIANG: »Die Ursachen solcher Schwierigkeiten liegen nicht in der Reform. Jedes Land, das eine derart rasche Entwicklung durchläuft, hat ähnliche Probleme. Unter dem Strich überwiegen die Vorteile.«

Die Umstellung trifft vor allem die Bauern.

JIANG: »Richtig. Um deren Beschäftigungs- und Einkommensprobleme zu lösen, muss die Industrialisierung auf dem Land verstärkt und es müssen möglichst viele Bauern in die Städte umgesiedelt werden – ein langwieriger Prozess, den man auch nicht überstürzen darf. In den vergangenen 20 Jahren ist die Zahl der Stadtbewohner auf 458 Millionen gewachsen, aber die absolute Zahl der Landbewohner ist nicht geringer geworden. Von unseren mehr als 1,2 Milliarden Bürgern leben derzeit 64 Prozent auf dem Land. Zwar ist es uns gelungen, 150 Millionen ländliche Arbeitskräfte in anderen Branchen unterzubringen. Dennoch leben heute 40 Millionen Arbeitskräfte mehr auf dem Land als vorher.«

Die verdienen deutlich weniger als die Städter.

JIANG: »Wir fördern durchaus, dass ein Teil der Bevölkerung schneller reich wird als andere Gruppen – vorausgesetzt, das geschieht durch ehrliche Arbeit und legale Mittel. Gesetzmäßige Einkommen müssen wir schützen, illegale Verdienstmöglichkeiten dagegen abschaffen und unverhältnismäßig hohe Einkommen regulieren. Wir haben viel getan, um die Grundversorgung der Bevölkerung mit relativ niedrigen Einkommen sicherzustellen. Gerade für sozial Schwache haben wir in den vergangenen Jahren viel Geld ausgegeben und unser Sozialversicherungssystem verbessert.«

Dennoch blühen Kriminalität und Korruption. Bürger protestieren immer häufiger gegen ungerechte Steuern und die Willkür von Funktionären. Fürchten Sie, dass die Kommunistische Partei die Unterstützung der Bevölkerung verliert?

JIANG: »Aufgrund bestimmter Mängel im System, aber auch wegen des moralischen Versagens mancher Funktionäre gibt es in unserer Gesellschaft tatsächlich Fälle von Bürokratie und Machtmissbrauch. Wir stellen uns dem Problem und bekämpfen die Missstände entschieden. In solchen Fällen kennen wir keine Gnade. Die Volksmassen unterstützen uns im Kampf gegen die Korruption, sie stehen fest an der Seite der Parteiführung.«

In den vergangenen Jahren sind private Unternehmen, Börsen und ein neuer Mittelstand entstanden – kann man China überhaupt noch als sozialistisches Land bezeichnen?

JIANG: »Wir haben immer noch die klare Losung: Wir bauen ein sozialistisches Land mit chinesischer Prägung. Wir orientieren uns weiterhin am Marxismus-Leninismus, passen ihn aber an unsere konkreten Bedingungen an. Marx hat seine Theorien vor weit über hundert Jahren in Europa entwickelt – wie sollte er die Verhältnisse bei uns vorausahnen?«
Müssen die wirtschaftlichen Umwälzungen nicht notwendigerweise

auch Veränderungen im politischen System nach sich ziehen?

JIANG: »Wir hören oft, dass bei uns die politischen Reformen den wirtschaftlichen Reformen hinterherhinken. Beide sind jedoch nicht zu trennen. In der Praxis heißt das: Manchmal kommen wirtschaftliche Umwälzungen vor politischen Neuerungen. Zu einem anderen Zeitpunkt haben politische Reformen Vorrang vor wirtschaftlichen Veränderungen. Mal geht das eine vor, mal das andere.«

Wann ist denn der politische Wandel fällig?

JIANG: »Wir haben bereits in der Vergangenheit viele Reformen verwirklicht. In Form und Inhalt entsprechen sie allerdings nicht immer den westlichen Vorstellungen.«

Ist das Einparteiensystem wirklich noch unabdingbar für die Entwicklung Ihres Landes?

JIANG: »Denken Sie daran, dass China mehr als 1,2 Milliarden Einwohner hat. Unser Land ist arm. Wir müssen geschlossen für den Wohlstand kämpfen. Nur die KP ist in der Lage, das Volk zu führen. Daneben haben wir noch acht demokratische Parteien, die sich an der Regierungsarbeit und der politischen Diskussion beteiligen. Deren Status ist allerdings nicht mit der Rolle der KP zu vergleichen.«

Ist es denkbar, dass sich auch die KP selbst in Zukunft wandelt und sich zum Beispiel zu einer Partei nach sozialdemokratischem Muster entwickelt?

JIANG: »Ob heute oder in der Zukunft: Den Namen Kommunistische Partei Chinas werden wir nie ändern. In meiner Jugend habe ich aktiv für die Revolution gekämpft, aber meine Vorstellung vom Kommunismus war damals eher oberflächlich und simpel. Um das große Ziel zu verwirklichen, braucht man viel Zeit. Den Konfuzianismus gibt es seit 78 Generationen. Für den Aufbau des Sozialismus benötigen wir mindestens ein paar Dutzend Generationen. Wir stehen immer noch am Anfang.«

Sie haben sich stets gegen Mehrparteiensystem und Gewaltenteilung ausgesprochen. Brauchen Menschen, die relativ frei wirtschaften dürfen, nicht politische Rechte und unabhängige Gerichte?

JIANG: »Die Welt zeichnet sich durch Vielfalt aus. Es hat sich doch längst gezeigt, dass es schnell zu sozialen Erschütterungen kommen kann, wenn Entwicklungsländer ohne Rücksicht auf die heimischen Bedingungen politische Systeme anderer Länder kopieren. Bedenken Sie bitte, dass gesellschaftliche Stabilität nicht nur im grundlegenden Interesse des chinesischen Volkes liegt. Davon profitieren auch Asien und die ganze Welt. Man kann sich leicht vorstellen, was es bedeuten würde, wenn es in China zu Unruhen käme.«

Die Deutschen sind einerseits fasziniert von der stürmischen Entwicklung in China. Gleichzeitig sind viele Menschen erschreckt, weil zahlreiche Oppositionelle und Gläubige noch immer im Gefängnis oder im Lager landen.

JIANG: »Es stimmt überhaupt nicht, dass Oppositionelle und Gläubige ins Gefängnis geworfen werden. Ich bin zwar Atheist, aber ich interessiere mich sehr für Religion; ich habe die Bibel, den Koran und buddhistische Sutras gelesen. Die chinesische Verfassung garantiert allen Bürgern Religionsfreiheit. Die Zahl der Gläubigen liegt bei über 100 Millionen.

Eines steht allerdings fest: In einem Rechtsstaat wie China hat jeder, egal, ob er gläubig ist oder nicht, die Gesetze zu befolgen. Das ist bei uns so wie in anderen Ländern. Wenn jemand verurteilt wird, dann nur, weil er gegen Gesetze verstoßen hat, und nicht, weil er an irgendeine Religion glaubt.«

Innerhalb Ihrer Partei wird offen und kontrovers über die künftige Ausrichtung und die Rolle der Partei diskutiert. Gleichwohl verfolgen die Behörden unerbittlich Dissidenten. Warum?

JIANG: »Die Tatsache, dass in unserer Partei Diskussionen geführt werden, zeigt doch nur, wie demokratisch die KP ist. Daneben gibt es Einzelne oder Gruppen, die offen ihre Meinung vertreten, denen es aber nicht um die Verbesserung von Partei und Staat geht, sondern nur um ihre eigenen politischen Ziele. Das werden wir nicht zulassen. Erfahrungen aus Deutschland und Europa können wir bei unseren Voraussetzungen nicht einfach übernehmen.«

Die Sowjetunion brach zusammen, und die anderen osteuropäischen Staaten durchlebten in den vergangenen Jahren dramatische Veränderungen. Sind das für Sie Erfahrungen, die Sie vermeiden wollen?

JIANG: »Jedes Land geht seinen eigenen Weg. Ich wage nicht zu sagen, dass alles, was wir von unserer Warte aus gesehen haben, falsch war, oder alles, was wir machen, richtig ist.«

In wenigen Monaten findet der 16. Parteitag statt, auf dem die Führung zugunsten der nächsten Generation abtreten will. Wenn Sie auf Ihre Laufbahn zurückblicken: Was war für Sie die schwerste Entscheidung, was der glücklichste Moment?

JIANG: »Ein Land wie China zu führen und zu verwalten

heißt, mit viel Arbeit und komplizierten Umständen konfrontiert zu sein: Jede wichtige Entscheidung berührt die Interessen von Millionen und Abermillionen Menschen. Deshalb müssen wir stets sehr vorsichtig sein. Vor wichtigen Beschlüssen habe ich oft schlaflose Nächte verbracht, um mich gemeinsam mit meinen Kollegen zu beraten und die richtige Entscheidung zu treffen. Ich bin glücklich und zufrieden, wenn sich das Leben des chinesischen Volks verbessert.«

Das Massaker und die Olympiafeier, zwei Ereignisse auf dem Platz des Himmlischen Friedens, die das Riesenreich in so unterschiedlicher Weise bewegten. Was war in der Zwischenzeit geschehen? Nach dem Blutbad 1989 war der Übervater Deng Xiaoping kaum noch in der Öffentlichkeit aufgetreten. Ging nach der politischen auch die wirtschaftliche Öffnung zu Ende?

So schien es zunächst, doch dann holte Deng zu einem neuen Schlag aus. 1992 unternahm er eine »Reise in den Süden«, angeblich ein privater Urlaub, doch führte ihn der Weg zum Entsetzen vieler alter Kader ausgerechnet in Städte wie Shanghai und Shenzhen, wo sich der Kapitalismus zusehends ausbreitete. Wie zu Kaisers Zeiten erhöhten Dengs Lakaien die Reise zum Mythos. Selbst beiläufige Bemerkungen des inzwischen 87-Jährigen, formell ein Pensionär, erhielten tiefe Bedeutung. Deng sagte etwa: »Jetzt, da ich in Shenzhen bin, kann ich nicht einfach hier sitzen und warten. Ich will sofort nach draußen gehen.« Daraus wurden Losungen wie »Sei mutig, geh schneller!«, was bedeutete: die Marktwirtschaft rasanter entwickeln, mehr ausländisches Kapital ins Land holen.

»Als Deng Xiaoping anfing, das Land zu modernisieren mit seinen berühmten Ausflügen in die Südzonen des Landes, war von Konfuzius noch keine Rede«, sagt Sinologe Tilman Spengler. »Aber inzwischen braucht das Ganze, wie man auf Chinesisch gerne sagt, einen Hut und ein Gewand. Und das ist der Konfuzianismus.«

Denn die Veränderungen übertrafen alle Erwartungen: Erst wurde China die Werkbank der Welt. Von Apple bis H&M produzieren alle hier für den Export, profitieren von den niedrigen Löhnen. Jetzt streben die Marken zusätzlich auf den chinesischen Inlandsmarkt und wollen den wachsenden Mittelstand dort bedienen.

Auf der 31. Etage des Grand Gateway Towers in Shanghai tüfteln die Designer der Adidas-Zentrale für »Großchina« (gemeint sind die Volksrepublik plus Hongkong und Taiwan). Sie messen Beine und Schultern einer 1,60 Meter kleinen chinesischen Mitarbeiterin ab. »Wir passen die internationalen Größen an die asiatischen Körper an«, sagt Produktmanagerin Lily Lu. »Wir analysieren die asiatischen Körper sehr genau. Basierend darauf gestalten wir unsere eigenen asiatischen Schnitte.« An den Stangen hängen neue, meist sehr bunte Kreationen dicht zusammengequetscht. Junge, hip gekleidete Chinesinnen und Chinesen arbeiten hier mit Deutschen und Australiern zusammen. Viele junge Chinesen sind heute nationalistisch und globalisierungsfreundlich zugleich. Sie lernen von Ausländern und sehen dies als Chance zur eigenen Entwicklung.

»Feiere deine Originalität«, steht über einem Shanghaier Kundenzentrum von Adidas. Dort fotografiert sich ein Pärchen gegenseitig vor Schuhen des Sportartikelherstellers aus dem fränkischen Herzogenaurach, die zu einem Hügel aufgeworfen wurden, jedes Paar anders als die übrigen. In dem Shop testen Chinesen ihre Kräfte auf einem Laufband mit digitaler Anzeige und wühlen sich durch die Regale. Ihr Leben ist weit entfernt von dem ihrer Landsleute, die diese Schuhe herstellen – ein Widerspruch, der mit Harmonie im Sinne des Konfuzius gekittet werden soll. »Da ist es sehr angenehm, zu sagen:

Wir haben diesen Harmoniegedanken«, erklärt Spengler. »Früher hatten wir den Gedanken des Klassenkampfes. Den haben wir nicht mehr, wir sind ja keine wilden, radikalen, exotischen Ultralinken mehr, sondern wir versöhnen diese verschiedenen Elemente der Gesellschaft in dem Konzept der Harmonie. Darin hat alles Platz, findet jeder seinen Platz, der Arme wie der Reiche. Sie müssen auch nicht gegeneinander kämpfen, weil die Regierung ja für die Harmonie sorgt.«

Die Produktionsstätten für die schönen neuen Waren liegen nicht in den glitzernden Citys, sondern weit außerhalb, wie etwa die Fabrik des Adidas-Zulieferers Apache im südchinesischen Qingyuan, Provinz Guangdong, im Westen bisweilen auch unter der Bezeichnung Kanton geläufig. Auf dem Weg dorthin überholt man Menschen, die zu zweit auf dem Moped fahren. Statt Helmen tragen sie breite Strohhüte, ganz wie Chinesen in deutschen Bilderbüchern für Kinder. Straßenhändler bieten unter Sonnenschirmen Melonen an. In der Umgebung wirkt das Gelände des Zulieferers wie eine Insel der Ordnung: Bäume und Sträucher sind in einheitlichen Abständen aneinandergereiht, ein künstlicher See ist angelegt. Für die Mitarbeiter wurden sogar Wohnungen und ein Kindergarten gebaut, alles vielfach besser als das, was die Wanderarbeiter aus ihren Heimatdörfern kennen. Denn keiner der Beschäftigten kommt von hier. Seit Beginn der Reform und Öffnung hat sich nach Angaben der Gesamtchinesischen Föderation der Gewerkschaften fast ein Fünftel der Chinesen, 242 Millionen Menschen, auf den Weg gemacht, um woanders besser zu verdienen – die größte Wanderungsbewegung in der Geschichte der Menschheit.

13 000 Arbeiter und vor allem Arbeiterinnen, fast keine über 30 Jahre alt, nähen oder kleben Schuhsohlen an. »*Zögere nie, einen Untergebenen zu fragen*«, heißt es bei Konfuzius. So weit gehen sie hier nicht. Die Wanderarbeiter haben wenige Rechte,

sitzen in den riesigen Fabrikhallen genauso aneinandergereiht wie die Bäume und Sträucher draußen, nur in viel geringeren Abständen. Als Uniform tragen sie grellgrüne Polohemden, die Frauen außerdem rote Kopftücher mit weißen Punkten. Ihr Lohn beträgt umgerechnet 120 Euro im Monat, Überstundengeld und Zuschläge für die Wochenendarbeit eingeschlossen. In benachbarten Fabriken kam es schon zu Streiks und Unruhen, Arbeiter kündigen immer öfter, wenn sie einen Job mit besserer Bezahlung finden. Charles Yang, der Fabrikdirektor, kommt aus Taiwan, wie viele der Investoren und Manager hier – auch wirtschaftlich wächst der konfuzianische Kulturraum zusammen. Die Taiwaner kennen ihren Konfuzius noch viel besser als die Festlandchinesen, immerhin war die Tradition auf der Insel nie unterbrochen. So kennt Yang die Warnung des Philosophen: »*Mit Frauen sowie mit Untergebenen umzugehen ist schwierig. Ist man vertraut mit ihnen, so werden sie anmaßend. Hält man auf Distanz, dann sind sie unzufrieden.*« Der Fabrikdirektor sagt: »Wir versuchen, hier eine Gemeinschaft zu entwickeln. Der Grund dafür ist: Je länger die Arbeiter bei uns bleiben, desto besser.«

Aus Internet und Fernsehen wissen die Wanderarbeiter, wie die Reichen leben, und so nimmt der Unmut zu. Im Jahr 2006 zählte Chinas Akademie für Sozialwissenschaften noch 87 000 »Störfälle mit Massencharakter«, 2008 waren es bereits 127 000, und 2010 stieg die Zahl gar auf 180 000. Gemeint sind Proteste wie im Juni 2011 in der Stadt Zengcheng, ebenfalls Provinz Kanton. Hier versuchten Sicherheitsleute, eine schwangere Straßenhändlerin, 20 Jahre alt, vom Gehweg zu vertreiben. Daraufhin bewarfen Wanderarbeiter die Sicherheitsmänner und auch Polizisten mit Steinen und Ziegeln. »Wir sind wütend«, sagte einer der Wanderarbeiter, der aus Angst seinen Namen nicht nennen wollte. »Der Rechtsstaat scheint hier nicht zu existieren. Die lokalen Funktionäre machen, was sie wollen.« Am Ende demolierten die aufgebrachten Bürger ein Regierungsgebäude und setzten Polizeiautos in Brand.

Chinas Führung versucht zu beruhigen – mit Konfuzius. Für sie ist der Aufruhr eine Blamage, hatte der größte Philosoph des Landes doch gesagt: »*Hat man oben ein richtiges Verhältnis zu Recht und Pflicht, dann wird sich im Volke niemand erkühnen, Ungehorsam zu zeigen.*« Staats- und Parteichef Hu Jintao, gelernter Ingenieur und einst Anführer der Kommunistischen Jugendliga, erklärte in einer Schlüsselrede vor dem Nationalen Volkskongress: »Konfuzius lehrt uns, die Harmonie zu schätzen.«

13. Oktober 2011 in der Stadt Foshan, auch sie gehört zur Boomprovinz Kanton. Bilder einer Überwachungskamera zeigen eine grausame Szene: Ein zweijähriges Mädchen geht langsam über eine enge, von Einkaufsläden gesäumte Straße. Die Kleine schaut sich um, später wird ganz China wissen, dass sie Yueyue heißt. Ein weißer Lieferwagen fährt auf sie zu, überrollt sie. Der Fahrer stoppt kurz, überlegt offenbar, was er tun soll. Statt auszusteigen, rast er wieder los, überrollt Yueyue ein zweites Mal mit den Hinterrädern. Doch das Schlimmste kommt noch: Wie die Kamera minutiös festhält, gehen 18 Passanten an dem verletzten Kind vorüber, schauen hin oder bewusst weg, keiner hilft. Ein zweiter Kleinlaster überfährt das Mädchen, ein Motorradfahrer schlägt einen Bogen um die Blutlache. Erst nach sieben Minuten erbarmt sich eine ältere Frau, eine Müllsammlerin, und zieht Yueyue von der Straße. Eine Woche später stirbt das Mädchen im Krankenhaus.

Die beiden Fahrer werden aufgrund der Überwachungsbilder gefunden und müssen mit hohen Strafen rechnen, doch in ganz China beginnt eine Diskussion: Warum sind die Menschen so herzlos? Der Tod Yueyues ist beileibe kein Einzelfall. Kurz zuvor war ein alter Mann in der Stadt Wuhan auf der Straße gestürzt und wegen seiner stark blutenden Nase erstickt, weil ihm niemand half. Yueyue findet deshalb so große Aufmerksamkeit, weil sich die Bilder, wie sie starb, in China über das Internet schnell verbreiten.

Ein spezifischer Grund wird schnell genannt: Das skandalöse Urteil eines chinesischen Gerichts aus dem Jahr 2006. Eine Frau war gestürzt, als sie aus dem Bus stieg, ein hilfsbereiter Mann hatte sie ins Krankenhaus gebracht. Um an Geld zu kommen, verklagte sie ihn später, er habe sie gestoßen. Das Gericht verurteilte ihn zu einer für chinesische Verhältnisse hohen Schadensersatzsumme und begründete das so: Er sei verdächtig, weil er mehr geholfen habe, als es »jemand normalerweise in einem solchen Fall tun würde«. Im Ergebnis sagten 87 Prozent der Befragten bei einer Umfrage des KP-Zentralorgans *Volkszeitung*, sie würden einem am Boden Liegenden nicht helfen.

Doch die Ursachen liegen tiefer, und jenes Urteil war nur ein Ausdruck dessen. »Verantwortlich ist der Zusammenbruch jeglicher moralischer Standards in unserer Gesellschaft«, schreibt der Blogger Haishang nach Yueyues Tod. Ein anderer Internetnutzer, der sich xxx777 nennt, meint: »Dies ist das unvermeidliche Resultat unserer Geldanbetung.« Wie Reichtum vergöttert wird, verdeutlicht eine junge Frau, die in einer TV-Show äußerte: »Lieber in einem Mercedes weinen, als auf einem Fahrrad glücklich sein.«

Beispiele für den moralischen Verfall findet man in China allerorten. Kriminelle entführen Kinder und schlagen sie zu Krüppeln, um sie als Bettler einzusetzen. Doch auch legale Firmen tun oft alles, was ihnen Geld bringt. So streckten Zulieferer von Produzenten für Babynahrung verdünnte Milch mit Melamin, das sonst für Klebstoffe verwendet wird, um einen höheren Proteingehalt vorzutäuschen. Daran starben 2008 sechs Neugeborene, 300 000 Kinder erkrankten – zum Teil schwer.

Im Internetforum Tianya Club schreibt ein Teilnehmer, der sich der »Große gute Yang« nennt: »Was jetzt passiert, gibt uns das Gefühl, dass wir alle in dieser Gesellschaft nicht zur Menschheit gehören. Wir sind nur das Vieh, das von einer Elite gehalten wird, damit wir für sie arbeiten. Wenn sie eines Tages die Lust verliert, fängt sie einen von uns und tötet ihn und sagt, so sei das Gesetz. Und wir stehen dabei und gucken zu – ohne Mitgefühl, ohne Mitleid, ohne Trauer, ohne Selbst. Wenn man dann doch einmal etwas Menschliches tun will und helfen möchte, dann lässt unsere Gesellschaft das nicht zu. Wir gehen gerade in eine Viehgesellschaft über.«

Auch Mao wird von chinesischen Mikrobloggern angegriffen: Weil er die Religion verboten hat, sei das heutige geistige Vakuum entstanden. Maos Nachfolger wollen es jetzt mit Konfuzius füllen. Auch in der Bevölkerung wachsen nach Yueyues Tod die Gegenreaktionen. In Guangzhou folgten mehr als 10 000 Menschen dem Aufruf einer örtlichen Zeitung und demonstrierten »gegen Gleichgültigkeit und für wahre Liebe«. Eine Aktion auf dem populären Mikroblog-Portal Sina Weibo heißt: »Stoppt die Apathie!«

Die denkbar größte öffentliche Rehabilitierung erfuhr der unter Mao verfemte Konfuzius vor fast vier Milliarden Fernsehzuschauern weltweit bei der Eröffnung der Olympischen Sommerspiele in Peking 2008. Tänzer stellten die 3000 Schüler des Konfuzius dar. Sie präsentierten Bambusstreifen, die zu Rollen zusammengebunden waren. Auf solchen Bambusstreifen wurden früher die Worte des Meisters aufgeschrieben. Die Darsteller zitierten aus den *Gesprächen des Konfuzius*: »*Und wenn von fern her Gleichgesinnte kommen – ist das nicht auch ein Grund zur Freude?*«

Kommunistenführer Hu Jintao versucht sich sogar selbst ein bisschen als Konfuzius. Er entwickelte die »Theorie von den drei Harmonien«, wozu er den Frieden in der Welt, die Versöhnung mit Taiwan und die Harmonie in der chinesischen

Gesellschaft zählt. Ein anderer Beitrag des trockenen Apparatschiks zur chinesischen Geistesgeschichte sind die »Acht Ehren und acht Schanden«:

Liebe dein Land, schade ihm nicht.
Diene den Menschen, erweise ihnen keinen Bärendienst.
Folge der Wissenschaft, verwerfe die Ignoranz.
Sei tüchtig, nicht arbeitsscheu.
Hilf anderen, statt auf ihre Kosten zu leben.
Sei ehrlich und vertrauenswürdig, opfere die Moral nicht dem Profit.
Zeige Disziplin und folge dem Gesetz, verhalte dich nicht chaotisch und gesetzwidrig.
Lebe einfach, kämpfe hart, suhle dich nicht in Luxus und Vergnügen.

Konfuzius hätte es schöner sagen können, aber diese Grundsätze erinnern an seine Philosophie der Ordnung.

Comeback des Konfuzius

Für Hu Jintao, Staats- und Parteichef sowie oberster lebender Moralphilosoph, gibt es einen Nachfolger: Chinas Vizepräsident Xi Jinping, der im Oktober 2009 Deutschland besuchte. Gemeinsam mit Angela Merkel eröffnete er die Frankfurter Buchmesse, deren Gastland die Volksrepublik in jenem Jahr war. Als Sohn von Xi Zhongxun, der zur ersten Führungsgeneration der Volksrepublik gehörte, ist Xi junior Jahre im Voraus schon als Nachfolger von Hu Jintao festgelegt worden – auch dies ein Versuch, Harmonie zu sichern. Wie viele seiner Mitstreiter ließ Mao auch Xi senior ins Gefängnis stecken, sein Sohn wurde aufs Land verbannt. Später studierte dieser an der angesehenen Pekinger Qinghua-Universität Chemie und Marxismus, promovierte aber in Jura. Es folgte eine Karriere in der KP, unter anderem stieg er zum Parteichef von Shanghai auf. In zweiter Ehe ist Xi Jinping mit der Volkslied-Sängerin Peng Liyuan verheiratet. Nach Madame Mao wird sie die erste First Lady sein, die den Chinesen gut bekannt ist. Derzeit ist sie noch deutlich berühmter als ihr Gatte.

Chinas kommender Mann führte in Frankfurt eine Delegation von 2000 Autoren und Verlegern an. Die Türkei, Gastland im Jahr zuvor, war nur mit halb so vielen Vertretern erschienen. Auf dem Messegelände wurde ein Berg aus 10 000 chinesischen

Büchern aufgeschüttet, der von der Größe dieser Kultur zeugen sollte. Aber der Gigantismus der Herrscher mischte sich mit ihrer Angst: Als bei einem Symposium im Vorfeld der Buchmesse zwei kritische chinesische Autoren auftraten, verließen die Offiziellen den Saal.

Zur Fernost-Delegation gehörte auch Yu Dan, Dekanin einer Pekinger Universität mit fransigem Kurzhaarschnitt. 1965 geboren, hat sie klassische chinesische Literatur studiert und in Film- und Fernsehwissenschaften promoviert – die richtige Kombination, um zu dem zu werden, was sie ist: ein Popstar des Konfuzianismus. In ihrem Buch *Konfuzius im Herzen* erzählt sie in einer modernen und gemeinverständlichen Sprache von den Lehren des vor etwa 2560 Jahren geborenen Philosophen. In China verkaufte sich der Titel mehr als zehn Millionen Mal, Raubkopien inklusive.

Ihre Vorlesungsreihe über Konfuzius wurde auf dem zentralen Sender CCTV 10 ein Quotenrenner, wohl einmalig in der Philosophie- und Fernsehgeschichte. »Die Menschen suchen Halt«, erklärt sie ihren Erfolg beim Gespräch in einem Pekinger Teehaus. »Früher war in unserem Land alles streng kontrolliert, alle waren gleich arm. Die Marktwirtschaft hat neue Möglichkeiten eröffnet. Aber viele fühlen sich darin verloren.« Während die Zeremonienmeisterin des Teehauses Wasser von einem Gefäß in das andere und zurück gießt, erkundigt sich Yu Dan nach dem Hofbräuhaus München und dem Geburtshaus von Mozart in Salzburg. »Ich denke, auch Sie können bei Konfuzius etwas für Ihre Seele finden«, sagt sie. »Wir haben ja auch Ihren Marx gelesen.«

Sie beginnt ihr Buch mit dem Satz: »Schon immer habe ich großen Respekt vor Konfuzius gehabt, jedoch nie ehrfürchtige Distanz empfunden. Für mich waren die *Gespräche des Konfuzius* ein im positiven Sinne schlichtes, dabei von großer Wärme erfülltes Buch.« Auch distanziert sie sich von allen orthodoxen

Auslegungen des Konfuzianismus: »Was uns davon heute zu Herzen geht, hat nicht viel gemein mit der konfuzianischen Schule, die Kaiser Wudi während der Han-Dynastie zur alleinigen Staatslehre machte, nachdem er alle anderen Denkschulen verboten hatte; und ebenso wenig mit der beinahe religiösen Form des Konfuzianismus, dem strengen Zeremoniell, das den Konfuzianismus in eine Reihe stellt mit Daoismus und Buddhismus.« Yu Dan kritisiert die Religionen nicht direkt. Aber in der positiven Beschreibung deutet sie an, warum der alte Konfuzius besser in die moderne Welt passt als der ein halbes Jahrtausend jüngere Jesus und der mehr als 1000 Jahre jüngere Mohammed: »Konfuzius ist von dieser Welt, denn er hat seine Lehre aus dem menschlichen Alltag heraus entwickelt. Wie wir lebte er eine irdische Existenz und ist nicht etwa vom Himmel herabgestiegen.«

Ausdrücklich wendet sich Yu Dan gegen das Eintrichtern des Konfuzianismus durch Drill: »Schon mein Vater hat mir die traditionelle chinesische Kultur beim Spiel nahegebracht, nicht durch formale Unterweisung.« Ebenso flexibel geht sie mit kritischen Fragen um, etwa zu der Position des Konfuzius, die Frau solle sich dem Mann unterordnen. »Natürlich bin ich dagegen. Solche Ansichten sind aus der damaligen Zeit heraus zu verstehen. Mehr als die Hälfte seiner Gedanken sind überholt.« Den Sprüchen des Weisen fügt Yu Dan ihre eigenen hinzu: »Ein guter Freund ist wie ein gutes Buch, durch ihn eröffnet sich uns eine ganz neue Welt.«

Strenge Konfuzianer werfen der Populärphilosophin vor, die Lehren zu bagatellisieren. Ihre Veröffentlichungen und Vorträge seien »Hühnersuppe für die Seele«. Regierungskritische Denker wiederum halten ihr Aussagen vor wie die, Konfuzius sei die »eigene Selbstvervollkommnung unendlich viel wichtiger, als Kritik an den Zuständen in der Gesellschaft oder dem Verhalten der Menschen zu üben«. Damit vergebe sie die

Chance, Konfuzius etwa zum Kampf gegen die um sich greifende Korruption zu nutzen – was ihr auch zum eigenen Vorteil gereicht, denn für ihre Sendung im staatlichen Fernsehen ist sie auf das Wohlwollen der Funktionäre angewiesen.

Eine Kostprobe aus dem Programm, in dem Yu Dans Lektionen von Comicbildern begleitet sind, auf denen Konfuzius wie Asterix aussieht – auch die Chinesische Mauer und junge Büromitarbeiter von heute werden gezeigt: »Der ›Edle‹ ist Konfuzius' Begriff für einen Menschen mit gutem, moralischem Charakter. In seinem Hauptwerk *Gespräche* taucht das Wort ›Edler‹ mehr als hundert Mal auf. Auch heute streben Menschen nach edlem Standard. Wie wird man ein Edler?« Oder: »Professorin Yu Dan sagt uns: Die *Gespräche* enthalten klare Statements, wie man Freunde findet. Es gibt drei Typen von guten Freunden und drei Typen von schlechten Freunden. Welches sind die Kriterien für gute Freunde? Wie können sie uns im Leben und bei der Karriere helfen? Welches sind die drei Kriterien für schlechte Freunde? Welchen Einfluss haben sie auf unser Leben? Wie können wir zwischen guten und schlechten Freunden unterscheiden?«

Der Sinologe Tilman Spengler meint zum Erfolg von Yu Dan: »Er spiegelt genau das wider, was man als Suche nach Licht in der Leere beschreiben kann. Obwohl ich ihr Buch gelesen habe, kann ich mich nicht an einen einzigen Satz erinnern, der darin gestanden hat. Aber vielleicht haben gerade ihre allgemeinen Aussagen es so populär gemacht. Der Erfolg ist ein Beweis für die Sehnsucht nach Lebensorientierung.«

Wie Yu Dan wird auch die Regisseurin Hu Mei offiziell unterstützt. Ihr Spielfilm *Konfuzius*, der 2010 in die Kinos kam, ist der erste seiner Art. Sie inszenierte Schlachten mit Heeren von Soldaten in Ritterrüstung, die Speere werfen und ihre Feinde mit Schwertern durchbohren, und so erscheint ihr Epos wie eine fernöstliche Variante des *Spartacus*. Sie spielt mit starken Farben, etwa blauen Roben vor blauem Hintergrund, ähnlich dem chinesischen Starregisseur Zhang Yimou in *House of Flying Daggers* und anderen Werken. Und wie in Hollywood beginnt Konfuzius als sympathischer Held. Er setzt sich für einen Sklavenjungen ein, der als »Grabbeigabe« mit seinem verstorbenen Herrn eingemauert werden soll. Als dessen General das grausame Vorhaben mit dem Hinweis verteidigt, es sei nun einmal Tradition, den Toten mit seinen Liebsten zu bestatten, schleudert ihm der Film-Konfuzius entgegen: »Er hat Sie doch auch geschätzt – wollen Sie ebenfalls mit ihm begraben werden?« Ganz nah an Konfuzius' wirklichem Motto: »*Was du selbst nicht wünschst, das tue auch anderen nicht an.*« Action und Spannung etwa gibt es, als ein Schüler des Konfuzius unter Einsatz seines Lebens zu Rollen zusammengebundene Bambusstreifen mit weisen Sprüchen rettet, die im Eiswasser versinken; der Kinozuschauer leidet mit, wenn Konfuzius und seine Jünger hungern.

Die Regisseurin stellt sich beim Gespräch mit einer Visitenkarte vor, auf der das rote Staatswappen mit fünf goldenen Sternen prangt. Es weist sie als Abgeordnete des Nationalen Volkskongresses aus, des chinesischen Scheinparlaments. »Unser Land kehrt zur alten Größe zurück, vorbei sind die Zeiten, in denen wir nicht einmal einen Nagel selbst herstellen konnten«, sagt sie. »Und vorbei sind auch die Zeiten des Klassenkampfes. Unsere Regierung folgt jetzt dem Konzept des Konfuzius von der Harmonie.«

In ihrer Mission gleicht die Regisseurin Hu Mei der Buchautorin und Fernsehfrau Yu Dan: Sie möchte mit ihrem Spielfilm die Distanz zum »Lehrer von zehntausend Generationen«, wie Konfuzius in China genannt wird, vermindern. »Er war ein einfacher Mann, der sich freute und trauerte, der sich um seine Familienangehörigen kümmerte und tiefe Gefühle für sie hatte.«

Und nicht nur für die. Weibliche Hauptperson des Blockbusters ist die Konkubine Nanzi, die kraft ihrer Reize und Raffinesse zur Königin aufgestiegen ist. Historische Darstellungen beschreiben sie als »schön und lüstern«. Gespielt wird sie von der chinesischen Schauspielerin und Sängerin Zhou Xun (*Balzac und die kleine chinesische Schneiderin*). Im Film nimmt sie Konfuzius mit auf ihr Zimmer, um mit ihm »Gedichte zu interpretieren«. Direkt fragt sie ihn: »Umfasst Ihre Liebe zu allen Menschen auch die Liebe zu einer Frau von zweifelhaftem Ruf?« Sie schaut ihm tief in die Augen und bezirzt ihn mit ihrer sexy Stimme. Kong Jian, ein Nachfahre des Konfuzius in der 75. Generation, wollte diese Szenen durch ein Gericht verbieten lassen: »Sie ruinieren das Image des Weisen.«

Die Rolle des Philosophen selbst besetzte die Regisseurin mit dem Hongkonger Superstar Chow Yun-Fat, der etwa als Hauptdarsteller in Ang Lees Kampfkunstdrama *Tiger and Dragon* bekannt wurde, das vier Oscars gewann. Er spielte in *Fluch der Karibik* mit, und die *Los Angeles Times* bezeichnete ihn als »coolsten Schauspieler der Welt«. Für *Konfuzius* war das eine Traumbesetzung, um ein Massenpublikum anzusprechen. Chow Yun-Fat gab sich bei der Vorstellung des Films konfuzianisch bescheiden: »Konfuzius verstehe ich nicht.«

»Der Konfuzius-Film war gedacht als eine großartige Hommage«, sagt Tilman Spengler. »Das ging schon damit los, dass die Besetzung mit Chow Yun-Fat so gigantisch war. Auf westliche Verhältnisse übertragen ist das, als hätten John Wayne oder Henry Fonda, irgendeiner von diesen ganz Großen, Konfuzius gespielt. Das hat der ganzen Sache schon eine immense Statur gegeben für den Betrachter.« Der Spielfilm *Konfuzius* startete gleichzeitig in 2500 Kinos der Volksrepublik – ein Rekord. Die Regierung half noch etwas nach, indem sie den parallel laufenden Welterfolg *Avatar* eine Zeit lang auf 3D-Kinos beschränkte, um dem Philosophen gegenüber den Außerirdischen so einen Vorteil zu verschaffen.

Konfuzius auf allen Kanälen. Ein erstaunliches Comeback für einen, der längst abgeschrieben wurde – nicht erst von Mao. Der deutsche Soziologe Max Weber sah im Konfuzianismus die Ursache dafür, warum China vom protestantisch geprägten Westen überholt wurde. In China selbst forderte die demokratische Bewegung des 4. Mai 1919: »Zerschlagt Konfuzius' alten Kuriositätenladen!« Sie machte den Philosophen für die Rückständigkeit des Landes verantwortlich, weil er Hierarchie und Stabilität beschworen hatte mit Sprüchen wie: »*Der Herrscher muss Herrscher sein, der Untertan muss Untertan bleiben.*« Konfuzius-Verkünderin Yu Dan erklärt dieses schlechte Image so: »Der brutale Kaiser Han Wudi (156–87 v. Chr.) hat etwas sehr Schädliches getan, nämlich den Konfuzianismus zur einzig wahren Lehre erklärt und alle anderen Denkschulen verboten. So hatten wir ein Monopol des Konfuzianismus, was ungesund war für unsere Entwicklung und später das Fortschreiten unserer Gesellschaft hemmte. Hätte Konfuzius damals noch gelebt, dann hätte er bestimmt nicht gemocht, was aus ihm gemacht wurde. Doch er trägt nicht die Verantwortung dafür, dass seine Ideen später von Herrschern missbraucht wurden. So verlangte er Selbstbeschränkung, aber nicht nur von den Untertanen, sondern vor allem auch von den Herrschern selbst. Das wurde später oft weggelassen. Ich möchte seine ursprünglichen Ideen vermitteln.«

Kritik an Konfuzius gab es also auch schon vorher, aber eine regelrechte Verfolgung setzte erst unter Mao ein, besonders brutal mit dem Beginn der Kulturrevolution 1966. Angeblichen Anhängern der alten Kultur wurden sogenannte Schandhüte aus Papier über den Kopf gestülpt. Der Mob jagte Intellektuelle durch die Straßen, lynchte sie häufig. Die Kampagnen wurden immer absurder. So griff Mao seinen früheren Stellvertreter Lin Biao an, der bei der Flucht in die Sowjetunion mit dem Flugzeug über der mongolischen Wüste abgestürzt war. 1974 hieß es im ganzen Land: »Kritisiert Konfuzius und Lin Biao«.

»Die Kulturrevolution hat sich damals zum Ziel gesetzt, all die bösen alten Werte zu zerstören«, erklärt Sinologe Tilman Spengler. »Und da stand der Konfuzianismus trotz 40-jähriger sozialistischer Diktatur an allerobersten Stelle. Unendlich viele der Konfuzius-Tempel wurden zerstört. Es war eine Planerfüllung bester sozialistischer Art, zwischen 19 und 25 Prozent sollten vernichtet werden. Die Rotgardisten verarbeiteten Statuen zu Brennholz. Konfuzius war genau das Böse, von dem sie die Gesellschaft befreien wollten.«

Noch heute sind die Folgen in Konfuzius' Heimatstadt Qufu deutlich erkennbar, besonders im »Wald der Kongs«. So heißt der Friedhof, auf dem nur leibliche Nachfahren des Konfuzius begraben werden. Er ist doppelt so groß wie die Stadt, zu der er gehört – 100 000 Bäume erheben sich über 100 000 Gräbern. Drei Dutzend Frauen und Männer tragen weiße Kapuzen oder weiße Mützen, Weiß ist in China die Farbe der Trauer. Sie fahren in einem offenen Elektrobus zu einer Beerdigung. Jetzt dürfen die Kongs ihre Angehörigen wieder friedlich bestatten. Durch das Steintor strömen heute auch Touristen, angeführt von Reiseführerinnen mit Fähnchen und Lautsprecheranlage. Die Besucher kommen vom chinesischen Festland ebenso wie aus Hongkong und Taiwan. Sie berühren mit ihren Händen ein Nashorn aus Bronze, hoffen, dass das Glück bringt, und fotografieren sich dabei gegenseitig.

Mao wollte das Andenken an Konfuzius ausradieren, es durfte keinen anderen Gott geben neben ihm selbst. 200 Studenten und Dozenten ausgerechnet derjenigen Pekinger Universität, an der heute Konfuzius-TV-Star Yu Dan lehrt, erhielten 1966 einen revolutionären Auftrag: Mao schüttelte die Hand von Tan Houlan, der Anführerin dieses Kommandos. Die Rotgardisten setzten sich in einen Zug und fuhren nach Qufu, es dauerte zehn Stunden, bis sie ankamen. Wie ihnen von Mao aufgetragen, öffneten sie das Grab des Konfuzius, fanden jedoch keine

Gebeine mehr. Heute falten vor dem etwa fünf Meter hohen Grabstein die Menschen wieder ehrerbietig ihre Hände und fallen auf die Knie.

Die enttäuschten Rotgardisten kamen damals auf eine andere und irrwitzige Idee, ganz wie von Konfuzius vorausgesagt: »*Lernen ohne zu denken – das ist nutzlos. Denken, ohne etwas gelernt zu haben – das ist verderblich.*« Wei Jing, Mitarbeiterin des Denkmalschutzamtes von Qufu, zeigt die Folgen dessen, was die ungebetenen Besucher aus Peking taten: In einer posthumen Sippenhaft schändeten sie 2000 der letzten Ruhestätten von Nachfahren des Philosophen. Noch heute künden gespaltene Grabsteine und abgebrochene Ecken von ihrem Treiben während der Kulturrevolution. »Jetzt erinnern wir uns an diese unaussprechliche Geschichte«, sagt Denkmalschützerin Wei. »Doch viele Menschen wollen diese Periode in unserem Land noch heute nicht anrühren. Denn damals wurden nicht nur Kulturschätze zerstört. Es wurde auch zum Hass gegen den Konfuzianismus aufgerufen. Doch jetzt hat der Regen aufgehört, und der Himmel ist klar. Die ganze Welt billigt jetzt die Ideen des Konfuzius, entwickelt sie weiter und entfaltet sie. Bei uns in Qufu lesen jetzt sogar schon die Kinder Werke des Konfuzius und lernen sie auswendig.«

In der Kleinstadt Qufu zerrissen die Rotgardisten 929 historische Gemälde und verbrannten 2700 antike Bücher, stürzten im Tempel des Konfuzius seine Statue zu Boden, banden ihr einen Strick um den Hals und zogen sie johlend durch die Straßen.

Schlimmer noch wüteten die Rotgardisten gegen die Menschen. Langsam bewegt Kong Jihuan seine Hände und Füße vor einem einstöckigen Betonbau, auf den Jugendliche von heute ihre Handynummern gekritzelt haben. Mit Qigong, dieser traditionellen Mischung aus Meditation und Bewegung, möchte der 81-Jährige die Erinnerungen verdrängen, die ihn nicht schlafen lassen. »Ich weiß nicht, wie ich das überlebt habe«, sagt er. »Sie haben auf mich eingeschlagen, mit Händen und mit Brettern, mit Stangen und mit Stühlen.« Monatelang lag er im Krankenhaus. Und das nur, weil er ein Nachfahre des Konfuzius in der 69. Generation ist.

Jeder Fünfte in Qufu heißt Kong und sieht sich als Verwandter des großen Denkers. Heute gilt wieder: Je näher ein Nachfahre an ihm dran ist, desto höher sein Ansehen bei vielen Chinesen. Der Besitzer des Teeladens gehört zur 75. Generation, der Taxifahrer zur 72. Kong Deming ist schon der 77. Generation angehörig, führt aber im Auftrag der Stadtverwaltung den Stammbaum, der jetzt erstmals auch Frauen enthält. Zu den Konfuzius-Geburtstagsfestivals in Qufu kommen auch entfernte Verwandte aus dem abgespaltenen Taiwan und sogar aus London. Der Stammbaum listet derzeit zwei Millionen Namen auf. »Die Arbeit ist noch lange nicht abgeschlossen«, seufzt Kong Deming. Weltweit, so schätzt er, leben derzeit drei Millionen Nachfahren des Konfuzius, fast halb so viele, wie die Schweiz Einwohner hat. Über den Konfuzius-Verfolger Mao wollen sich die wenigsten der Nachfahren äußern, das ist ihnen nach wie vor zu heikel.

Die Souvenirhändler vor dem Konfuzius-Friedhof verkaufen vergoldete Figuren von Konfuzius, Poster von Mao und Papierbeschwerer von beiden. Diesen Widerspruch lösen sie mit typisch chinesischem Pragmatismus:

»Dieser Konfuzius hier kostet 45 Yuan«, schreit die Händlerin. Was kostet Mao? »Mao? 26 Yuan.« Was sind ihre Gefühle gegenüber Konfuzius und gegenüber Mao? »Mao war der Großartigste, Konfuzius ein Heiliger und ein weiser Philosoph.«

»Das ist ein so immenser Widerspruch, dass man das nur mit einem gewaltigen ideologischen Aufwand zusammendenken kann«, spottet Tilman Spengler. »Aber wie Adorno sagte: Es gibt nichts, was der Kopf der Partei nicht zustande bringt.« Und so kommt zusammen, was nicht zusammengehört – auch im Konfuzius-Tempel von Peking, wo die Konfuzius-Schule ihr neues Unterrichtsjahr eröffnet. Eine Lehrerin malt den Kindern, die blaue und rosarote Trachten aus der Han-Dynastie tragen, rote Punkte auf die Stirn. Gleichzeitig treten kommunistische Jungpioniere mit roten Halstüchern an. Die Kinder pinseln das Schriftzeichen *zheng* für »Aufrichtigkeit« auf Papier, das Zeichen steht für eines der wichtigsten moralischen Prinzipien des Konfuzius. An Marx und Mao glaubt keiner mehr. Denn trotz Diktatur der Kommunistischen Partei herrscht in China heute ungezähmter Kapitalismus. Deshalb muss eine Ersatzideologie her. Chinas Führung stiftete 2010 sogar einen Konfuzius-Friedenspreis, um damit dem Nobelpreis für den Dissidenten Liu Xiaobo entgegenzutreten.

Auf dem Pekinger Tempelgelände liegt auch die ehemalige Kaiserliche Akademie, die höchste Bildungsstätte des feudalen China. Davor lesen die Grundschüler mit rotem Pionierhalstuch im Sprechchor Konfuzius – wie einst ihre Vorgänger aus der Mao-Bibel.

Chong Xiaogang im sportlichen karierten Hemd ist Bankangestellter, seine dreijährige Tochter gehört zu den neuen Konfuzius-Schülerinnen, sie klammert sich an seinem Bein fest.

Warum nehmen seine Kinder hier teil? »Sie sollen Chinas traditionelle Kultur gut studieren.« Was gibt Konfuzius den Kindern heute? »Seine Tugenden: Humanität, Gerechtigkeit, Pietät und Riten.«

Pisa-Schock und Tigermutter

Erziehung nach moralischen Prinzipien ist manchen Eltern in China heute so wichtig, dass sie ihre Kinder die ganze Woche in ein Konfuzius-Internat schicken, weit außerhalb am nordwestlichen Stadtrand von Peking. Die Fahrt führt vorbei an gläsernen Wolkenkratzern und am Olympiastadion, das wie ein Vogelnest aussieht und daher auch seinen Namen trägt. Je weiter man sich vom Zentrum entfernt, desto kleiner werden die Häuser und desto mehr häufen sich die Fahrräder.

In die Vier-Meeres-Schule gelangt man durch eine Metalltür und über einen grünen Innenhof. 300 solcher Konfuzius-Schulen wurden in den letzten Jahren in China gegründet.

Zu dieser Schule gehört auch ein Kindergarten. Der Unterschied zu einer Kita in Deutschland könnte größer nicht sein. Mit ihren Fingern fahren die Dreijährigen über die Schriftzeichen, die der Lehrer vorsagt, und sprechen im Chor nach: »Selbst mit Fürsten können die Yi und Ti nicht mit den Xia ohne Fürsten verglichen werden.« Auf diese Weise lernen sie einen Satz des Konfuzius auswendig, der in einer deutschen Übersetzung so interpretiert wird: »*Wenn auch die Barbaren Herrscher haben – sie sind selbst dann nicht unserem großen Reich vergleichbar, wenn es ohne Herrscher ist.*« Doch den Kleinen wird nichts ausgelegt oder erklärt – und schon klingt aus den zwölf Kinderkehlen sofort der nächste Satz des Philosophen, der von einer Tuschzeichnung auf sie herabblickt.

Draußen steht verwaist ein Trampolin. Vier Stunden am Tag büffeln die Kindergartenkinder die »Geordneten Worte« des Konfuzius. Das ist, als müssten ihre deutschen Altersgenossen die Bibel auswendig lernen – allerdings auf Latein. Denn die Sprache von damals ist selbst für erwachsene Chinesen kaum zu verstehen, zumal die Schriftzeichen oft mehrere und symbolische Bedeutungen haben. Es geht hier weniger um die Inhalte, eingeübt werden Disziplin und Gehorsam. Wenn die Kinder das Buch mit den *Gesprächen des Konfuzius* zu Beginn der Unterrichtsstunde überreicht bekommen, verbeugen sie sich vor dem Lehrer.

Geführt wird dieses Internat von seinem Gründer Feng Zhe. Er trägt eine traditionelle chinesische Jacke, ganz in Schwarz, mit ringförmigem Kragen. Wäre der Kragen weiß, könnte man ihn für einen christlichen Priester halten. Er studierte ursprünglich »westliche Wirtschaft«, wie er sagt. Mit der Konfuzius-Schule aber habe er seine eigentliche Mission gefunden: »Ich hoffe auf ein stürmisches Fortschreiten in Zukunft. In zehn Jahren wird es 10 000 solche Schulen geben. In 20 Jahren eine Million. Das ist der Wille der ganzen chinesischen Nation, die gerade wiedererwacht. Unser Volk gewinnt sein Selbstvertrauen zurück und besinnt sich auf seine ursprüngliche kraftvolle Idee. China muss diesen Weg gehen.«

Vor dem gemeinsamen Mittagessen legen die Kinder ihre Hand aufs Herz wie ein amerikanischer Präsident bei der Nationalhymne. Sie rufen im Sprechchor: »Danke Himmel und Erde, die mir den Lebensraum schenken. Danke dem Lehrer, der mich zur Weisheit inspiriert. Danke den Mitschülern, die mich beim gesunden Wachstum begleiten.« Dann schaufeln die Kleinen mit ihren Stäbchen Reis und Gemüse aus einer Holzschale in sich hinein. Der Besuch von ausländischen Reportern zerstört die von Konfuzius gewollte Ordnung, denn eigentlich ist es den Kindern verboten, beim Essen zu sprechen.

Wissen sie, wer Konfuzius ist? »Weiß ich«, sagt die vierjährige Yuhan. »Der da!« Sie zeigt auf die Tuschzeichnung des Meisters, denn auch über dem Mittagstisch hängt eine. Was war das für ein Mensch? »Konfuzius ist unser Großvater. Den muss man studieren.« Was studieren? »Seine Vorgaben, wie man ein gutes Kind wird.«

Weil in China der Sozialismus so schnell zum Kapitalismus wurde, geht es manchen nur noch ums Geld. Viele Mütter und Väter wünschen sich aber, dass ihre Kinder andere Werte lernen. Zwischen den Bäumen und Sträuchern des Schulhofs sammeln sie sich zu einem Elternabend.

»Wie soll ich sagen«, zögert die Mutter Li Na, Mitarbeiterin einer Versicherung, bei der Frage, warum sie ihren zehnjährigen Sohn auf das Internat schickt, »diese Schule gibt den Kindern eine gute moralische Erziehung.« Die Zeitschriftenredakteurin Chen Yingwei ist extra innerhalb Pekings umgezogen, um näher am Internat zu wohnen, das ihre sechsjährige Tochter besucht. Die Mutter meint: »Die Lehrer aus der Zeit des Konfuzius sind mit denen heute nicht vergleichbar. Die damals hatten ein höheres geistiges Niveau.« Dabei befand Konfuzius schon in seiner Zeit, das Niveau falle. *»Früher studierten die Gelehrten, um klug zu werden«*, sagte er. *»Heute studieren sie, um andere zu beeindrucken.«* Carry Chen, eine andere Mutter hier, arbeitet im Reise-Business. »Uns gefällt die traditionelle Kultur«, erklärt sie. »Unser Sohn ist in den USA geboren. Jetzt sollte er die chinesische Kultur kennenlernen.«

Beim Elternabend sitzen die Erwachsenen im Gegensatz zu ihren Kindern locker um den Tisch und trinken Tee. Sie alle sind wohlhabend und gebildet. Im Gespräch wird deutlich: Ihnen passen die staatlichen Schulen nicht. Im boomenden

China herrsche eine geistige Leere. »Nach über 30 Jahren Wirtschaftsreformen haben unzählige Chinesen mehr und mehr Geld in der Tasche, aber die Seelen sind leer«, führt Schuldirektor Feng Zhe aus. »Das muss sich dringend ändern. Deshalb fördert die Regierung die traditionelle Kultur und das Studium der Lehren von Konfuzius.«

Konfuzius-Schulen wie diese sind noch die Ausnahme. Doch der Meister wirkt weiter: Überall in China werden Lernen und Bildung hoch geschätzt. An den meisten chinesischen Bildungseinrichtungen herrscht konfuzianische Disziplin.

Yuchen ist neun Jahre alt, besucht die vierte Klasse einer staatlichen Grundschule in Peking. Ihre Eltern arbeiten beide bei Daimler, der Vater als Rechnungsprüfer, die Mutter in der Personalabteilung. Mit 1030 Mitschülern steht Yuchen auf dem Pausenhof in Reih und Glied. Sie trägt das rote Halstuch der kommunistischen Kinderorganisation Junge Pioniere, der alle Grundschüler angehören. Ein junger Sportlehrer ruft Befehle ins Mikrofon, die Kinder exerzieren. »Lehrer, wir danken Ihnen für Ihre Mühen«, schreien die Schüler im Sprechchor. Heute ist 8. März, Frauentag. Eine vorbildliche Lehrerin wird ausgezeichnet. Die Schüler klatschen im Takt. Lehrer gehen durch die Reihen und kontrollieren, ob alles stimmt. Ein Junge hat Handschuhe an, das ist nicht gestattet, er muss sie ausziehen.

Konfuzius schwebt im Geist darüber, doch als Standbild existiert er an den meisten staatlichen Schulen noch nicht. Stattdessen überragt ein anderes Vorbild die Eingangshalle, aus Gips geformt: eine Statue des Soldaten Lei Feng. Er soll sich beim Auswendiglernen von Mao-Sprüchen hervorgetan, die Socken seiner Kameraden gewaschen und alten Frauen über die Straße geholfen haben, bevor er von einem Strommast erschlagen wurde. Mittlerweile zweifeln viele in China, ob die Legenden über ihn stimmen.

Auch Yuchen, die Tochter des Mercedes-Mitarbeiters, ist ein Vorbild für die Mitschüler. Sie hat gleich zwei Titel: »Kader«, wie sonst die Funktionäre in China heißen. Es bedeutet vor allem, dass sie eine halbe Stunde vor Schulbeginn da sein muss, um anderen ein Beispiel zu geben. Ihr zweiter Titel ist »Gutes Kind«. Dazu wird man von Lehrern und Schülern gemeinsam gewählt, und man muss natürlich gute Noten haben. Noten bekommt man in China von der ersten Klasse an, sie gehen von 1 bis 100. Yuchen hat in Chinesisch eine 97, in Englisch eine 95 und in Sport eine 98,5.

Auch im Unterricht selbst geht es diszipliniert zu. Die Kinder stehen auf und sagen im Sprechchor »Lehrer, guten Tag!«, wenn die Lehrerin hereinkommt. Diese verbeugt sich leicht. Das gleiche Ritual wiederholt sich am Ende der Stunde: »Lehrer, auf Wiedersehen!« Die Kinder sitzen frontal zur Tafel, jedes allein am Tisch. Wer nichts zu sagen oder zu schreiben hat, verschränkt die Hände vor der Brust oder auf dem Rücken. Wer sich meldet, legt den rechten Ellbogen auf den Tisch und streckt die nach links geöffnete Hand kerzengerade nach oben.

»96 : x = 4, was ist dann x?«, fragt die Mathelehrerin. Als Yuchen aufgerufen wird, springt sie auf, wie gefordert, stellt sich stramm neben ihren Tisch und antwortet. Heute trägt sie, wie die meisten in ihrer Klasse, zum roten Halstuch eine Trainingsjacke. Es gibt auch eine Schuluniform, ebenfalls ein Trainingsanzug, die ist aber nur montags Pflicht.

Jede Woche beginnt mit einem Fahnenappell: Chinas rote Fahne wird aufgezogen, die Schüler singen die Nationalhymne. Die Lehrerinnen, viele von ihnen in legerem Pullover und Jeans, wirken im Vergleich geradezu flippig. An dieser Schule haben die meisten Lehrer die 40 noch nicht erreicht, sind in der Zeit nach Mao groß geworden. Das trägt dazu bei, dass der Unterricht keineswegs so veraltet ist, wie er den äußeren Formen nach erscheint. Im Fach Chinesisch diskutieren die

Schüler einen Text über Venedig. Yuchen sagt: »Wie schnell ein Boot fährt, hängt nicht nur von der Antriebskraft ab, sondern auch von seiner Form.« Die 27-jährige Lehrerin Shu Qi ermutigt die Schüler, in Gruppen darüber zu diskutieren, ob das stimmt. Dann sollen sie sich vorstellen, selbst ein Bootsmann zu sein. Frau Shu ändert deshalb in der Geschichte das »Er« zum »Ich« – am Laptop, den Text projiziert sie auf eine Leinwand. Das Boot wird im Buch als »Schlange« bezeichnet. An diesem Beispiel erläutert die Lehrerin, was eine Metapher ist. Die Klasse hat 25 Schüler, jeder kommt zu Wort.

In der Englischstunde wird viel im Sprechchor wiederholt. Die Lehrerin möchte nur das hören, was sie vorgegeben hat, keine freien Antworten. »I like dogs, I don't like cats«, steht im Text. Ein Schüler sagt, er habe aber Katzen lieber. Statt die Chance zu nutzen, die Fremdsprache in einem Gespräch über die unterschiedlichen Standpunkte zu praktizieren, beschimpft ihn die Lehrerin: »Schau dir das Buch in Zukunft genauer an!« Modern sind jedoch die englischen Vokabeln, welche die jungen Pekinger im Unterricht lernen, »Pop«, »CD« und »MP3-Player«. Die Musiklehrerin zeigt sogar einen deutschen Musikfilm, wenn auch nicht gerade den letzten Schrei: Heintje singt »Einmal wird die Sonne wieder scheinen«. »Ich stehe ja mehr auf chinesischen Rap«, spottet Yuchen später. Eingeschüchtert wirken die Schüler nicht. Der kleine Guyu interpretiert vor der Klasse die chinesische Übersetzung des Heintje-Songs eigenwillig: »Das ist über einen Jungen, der unglücklich ist wegen der vielen Hausaufgaben.«

Die können die chinesischen Kinder zum Teil in der Schule machen, aber die Zeitbelastung ist groß: Der Unterricht dauert von 8 Uhr bis 15:15 Uhr. Zu den auch in Deutschland üblichen Hauptfächern wie eigene Muttersprache, Englisch, Mathematik und Naturwissenschaften kommen Stunden für »Moral und Soziales«, »Gesundheitserziehung und Etikette«, »Aktivität der Jungen Pioniere«, außerdem müssen sich alle das Schulradio anhören, das zu fleißigem Lernen und Ordnung ermahnt. Es sind Maßnahmen, die sich aus Chinas konfuzianischer wie kommunistischer Tradition gleichermaßen erklären. Dann folgt für Yuchen der Hort bis 18 Uhr, da, wie in China üblich, beide Eltern arbeiten.

Das Erholsamste am Samstag ist der Taekwondo-Kampfsport. Daneben lernt Yuchen am Wochenende vier Stunden für Magische Mathematik, einen Fernkurs, und anderthalb Stunden Guzheng, ein traditionelles chinesisches Zitherinstrument mit 21 Saiten. Am Sonntag besucht sie noch einen viereinhalbstündigen Englischkurs, zusätzlich zu den fünf Stunden Englisch, die sie bereits in der Schule hat. Ein Drittel der Familienausgaben fließt in die Ausbildung der Tochter. Findet Yuchen das alles toll? »Die viele Lernerei hängt mir zum Hals raus«, sagt sie in ihrem winzigen Zimmer, das von Bett und Schreibtisch mit Computer ausgefüllt wird. »Wir wollen ihr eine freie Umgebung schaffen«, meint Vater Du Jie. »Aber wir haben keine Wahl. In unserem Erziehungssystem ist alles an Prüfungen ausgerichtet. Wenn sie da nicht außerhalb der Schule noch lernt, hat sie keine guten Berufsaussichten.«

Yuchen interessiert sich seit ihrem vierten Lebensjahr für Tiere und möchte Biologin werden. In ihrem Aquarium schwimmen 30 tropische Fische. Außerdem zwitschern in der Wohnung sieben Vögel, darunter ein rabenschwarzer Beo, eine in Asien verbreitete Art. Er kann auch sprechen, *ni hao*, »guten Tag«, fast akzentfrei – in China lernen eben alle.

Im Westen ins Gerede kam die chinesisch-konfuzianische Erziehungstradition durch den Bestseller von Amy Chua, einer Professorin an der Yale Law School in New Haven, Connecticut. Sie selbst ist im Bundesstaat Illinois geboren, aber ihre chinesischen Eltern wanderten von den Philippinen in die USA ein. In ihrem Buch *Die Mutter des Erfolgs* erzählt sie, wie sie, so der Untertitel, ihren »Kindern das Siegen beibrachte« – wobei das, wie sie selbstironisch schildert, nur bei einer der beiden Töchter in vollem Umfang gelang.

Amy Chua, die sich selbst als »Tigermutter« bezeichnet, schreibt: »Im Unterschied zur typisch westlichen Hausfrau-und-Mutter im Dauereinsatz für die Kinder ist die chinesische Mutter überzeugt, dass

1. Hausaufgaben grundsätzlich an erster Stelle stehen,
2. ein A minus eine schlechte Note ist,
3. ihre Kinder in Mathe den Mitschülern immer um zwei Jahre voraus sein müssen,
4. man die Kinder nie öffentlich loben darf,
5. man im Falle einer Meinungsverschiedenheit zwischen dem eigenen Kind und einem Lehrer oder Trainer immer die Partei des Lehrers oder Trainers ergreifen muss,
6. die einzigen Freizeitbeschäftigungen, die man den Kindern erlauben sollte, solche sind, die ihnen am Ende eine Medaille eintragen, und
7. diese Medaille aus Gold sein muss.«

Um ihr Erziehungsziel zu erreichen, drohte Amy Chua ihrer Tochter Sophia beim Klavierspiel gelegentlich: Wenn sie das Stück bis zum nächsten Mal nicht perfekt beherrsche, werde sie ihr sämtliche Stofftiere wegnehmen und diese verbrennen. Mit scharfer Ironie weist die Tigermutter Kritik zurück, sie respektiere ihre Töchter zu wenig: »Als ich sah, wie amerikanische Eltern ihre Kinder für die geringste Leistung – für einen hingekritzelten Schnörkel, ein Wedeln mit einem Stock – mit Lob überschütteten, wurde mir klar, dass chinesische den westlichen Eltern zweierlei voraushaben:

1. höherfliegende Träume für ihre Kinder und
2. mehr Achtung vor ihren Kindern insofern, als sie wissen, wie viel sie ihnen zutrauen können.«

Kinder sollen vor allem Spaß haben, wird ihr entgegengehalten, worauf sie antwortet: »Spaß macht gar nichts, solange man nicht gut darin ist; chinesische Eltern wissen das. Um auf irgendeinem Gebiet gut zu werden, muss man sich anstrengen. Und von selber haben Kinder grundsätzlich keine Lust, sich anzustrengen – deshalb ist es ja so immens wichtig, dass man sich über ihre natürlichen Tendenzen hinwegsetzt.« Und weiter: »Konsequent durchgeführt, erzeugt die chinesische Strategie einen ›Circulus virtuosus‹, eine Aufwärtsspirale zum Erfolg. Beharrliches Üben, Üben, Üben ist das Fundament herausragender Leistung; die Wirkung des sturen Wiederholens wird in Amerika unterschätzt.«

Sophias Stofftiere mussten zum Glück nicht verbrannt werden, denn sie trat schließlich als Pianistin in der weltberühmten Carnegie Hall von New York auf. Ihre jüngere Schwester Lulu stritt sich immer wieder mit der Mutter, gab schließlich die intensive Geigenausbildung auf, spielt jetzt stattdessen ehrgeizig Tennis. Schließlich sagte sie zu ihrer Mutter: »Natürlich bin ich froh, dass du mich gezwungen hast, Geige zu spielen. Ich werde sie immer lieben. Ich bin sogar froh, dass du mich gezwungen hast, Potenzen auswendig zu lernen. Und zwei Stunden am Tag Chinesisch.« Da war selbst die Tigermutter beeindruckt.

Viele junge Chinesen lehnen sie übrigens ab. Sie glauben, dass die traditionellen straffen Erziehungsmethoden die Kreativität hemmen. Superreiche Chinesen schicken ihre Kinder lieber im Ausland zur Schule. Und womöglich wird China von dieser Kombination eines Tages profitieren: Wissenschaftler und Querdenker mit internationalem Hintergrund, Ingenieure und Arbeiter mit Disziplin und gepauktem Grundwissen. Sicher ist: Die deutsche Spaßgesellschaft ist unterlegen. Während man schon in chinesischen Kindergärten Englisch lernt, erheben Lehrerinnen an deutschen Vorschulen es zum Klassenziel, bis zehn zählen und den eigenen Namen schreiben zu können.

Die nordostchinesische Hafenstadt Dalian ist eine moderne Metropole mit sechs Millionen Einwohnern. Vor der dortigen Universität für Technologie steht Maos Statue noch, drinnen aber wird moderne Wissenschaft gepaukt. China hat jetzt 2200 Hochschulen, mehr als doppelt so viele wie noch vor zehn Jahren. Die Zahl der Studenten vervierfachte sich, 27 Millionen sind es jetzt, Tendenz: rasant steigend.

An der Universität in Dalian unterrichtet auch Professor Jin Zilin. Wie viele seiner Kollegen hat er im Ausland studiert, Chemie in Deutschland. »China hat eine Tradition: Die Bildung der Kinder ist sehr wichtig für eine Familie«, sagt er auf Deutsch. »Früher galt bei uns nach Konfuzius: Nur wer viel lernt, kann eine höhere Stelle bekommen. Jetzt betonen wir die Bildung wieder, um die Technik zu entwickeln. Wir müssen in möglichst kurzer Zeit das Niveau der USA und Europas überholen.« Da ist China auf gutem Wege. Heute melden chinesische Ingenieure global mehr Patente an als deutsche. Vor zehn Jahren übertrumpften die Deutschen China bei den Patentanmeldungen noch um das Sechsfache.

Als 2001 die erste Pisa-Studie (Programm zur internationalen Schülerbewertung) der Organisation für wirtschaftliche Zusammenarbeit und Entwicklung (OECD) veröffentlicht wurde, sprach man vom »Pisa-Schock«: Die deutschen Schüler lagen in allen Fächern deutlich unter dem Durchschnitt. Global gesehen, kam der eigentliche Schock mit den letzten Ergebnissen im Jahr 2010: Das chinesische Shanghai erreichte sowohl in den Naturwissenschaften als auch in Leseverständnis und Mathematik den ersten Platz. Nimmt man den Durchschnitt der drei Disziplinen, folgen Hongkong, Finnland, Singapur und Südkorea – mit einer Ausnahme also alles Orte, die in der Tradition von Konfuzius stehen.

Operation Gold – wie China im Sport siegt

Zu sagen, er sei nicht zu übersehen, wäre reichlich untertrieben. Er ist der prominenteste Sportler Chinas. Er ist der prominenteste Chinese in den USA – neben Konfuzius und Mao, doch die sind tot. Vor allem aber ist Yao Ming 2,29 Meter groß und schon deshalb nicht zu übersehen, selbst wenn er sich darum bemüht. Und das ist sein großes Problem.

»Ich kann in China weder in ein Geschäft noch in ein Restaurant gehen«, klagte der Basketballspieler, als wir ihn vor den Olympischen Spielen 2008 mehrere Tage begleiteten. Seit 2002 hatte er in den USA bei den Houston Rockets gespielt. Inzwischen hat er sich aus dem aktiven Sport zurückgezogen, ist aber Besitzer seines früheren Klubs, der Shanghai Sharks. 2005 hatte Yao Ming bei den Houston Rockets noch einmal einen 76-Millionen-Dollar-Vertrag über weitere fünf Jahre unterschrieben, bei Länderspielen dagegen dribbelte er für seine Heimat. »Das mag ich in den USA: Wenn ich dort jemandem sagte, ich möchte zuerst meinen Bissen runterschlucken, bevor ich ein Autogramm gebe, wird das respektiert. In China ist das leider nicht immer so.« Auch Letzteres ist reichlich untertrieben, denn Yao Ming bedient sich seines trockenen Humors.

Chinesen verbergen ihre Schaulust nicht, bei einem Autounfall oder einer Schlägerei bilden Dutzende Menschen mit verschränkten Armen einen Kreis und glotzen. Würde Yao Ming auf die Straße gehen, wären es Hunderte. Deshalb geht er nicht auf die Straße.

Morgens holte ihn ein Buick GL8 am Apartmentgebäude ab, das er in Peking nutzte, natürlich in einer geschlossenen Anlage für Sportler, Unbefugten war das Betreten verboten. Den Kleinbus zu besteigen ist bei seiner Größe ein Sport für sich, er zieht den Kopf ein, um durch die Schiebetür zu kommen, und krümmt sich zusammen, weil er sonst das Dach durchbohren würde. So wurde er dann zur Basketballhalle der Staatlichen Allgemeinen Sportverwaltung gefahren, einem ebenfalls abgeschotteten Gelände. Sein Tagesablauf sah so aus wie damals fast jeden Tag: Ab 9:30 Uhr lief er eine Stunde auf einem Band, von 10:30 Uhr an lag er auf einer Matte und bewegte seine Beine, der Schweiß tropfte ihm von der Stirn. Ab 10:50 Uhr kletterte er über Hürden hinüber und kroch darunter durch. Von 11 Uhr an stand Laufen durch die Halle auf dem Plan, bevor er zehn Minuten später auf einem Bein um Kegel herum hüpfte, eine spezielle Übung, weil er sich bei einem Spiel einen Knochen gebrochen hatte.

Yao Ming fand sein eigenes Leben langweilig, und er sagte für einen Spitzensportler ungewöhnliche Dinge: »Es ist nicht meine Natur, hart zu kämpfen.« Oder: »Als Kind spielte ich nicht gern Basketball.« Das zählt aber in China nicht, schließlich sprach Konfuzius: »*Im Staate der Obrigkeit, in der Familie dem Vater und dem älteren Bruder dienen!*« Diese Unterordnung des Einzelnen unter die Gemeinschaft wurde im sozialistischen China bis ins Extrem betrieben. Yao Ming hat sein Schicksal nicht selbst gewählt, Chinas Regierung hat es entschieden – und zwar schon vor seiner Geburt.

Im Sport hatten die Kommunisten, wie in vielen anderen Belangen auch, lange einen Zickzackkurs verfolgt: Mao noch hatte das Streben nach Medaillen und Trophäen als »konterrevolutionäres Verbrechen« verfolgen lassen, sogar ein Schimpfwort dafür erfunden: »Trophäismus«. Der Tischtennisspieler Rong Guotuan, 1959 noch als Weltmeister gefeiert und knapp zehn Jahre später dieses »Verbrechens« angeklagt, erhängte sich in der Gefängniszelle.

Deng Xiaoping korrigierte diese Politik mehr als geringfügig: Nun sollte das Reich der Mitte bei internationalen Sportwettkämpfen glänzen. Die neue Linie fand ihren Höhepunkt in der im Jahr 2000 von Chinas Staatsrat beschlossenen »Goldmedaillenstrategie«. Intern hieß sie »Plan 119«, benannt nach der Anzahl Goldmedaillen, die in den medaillenstarken Sportarten wie Leichtathletik und Rudern vergeben werden. Um in diesen Sportarten aufzuholen, wurden keine Kosten und Mühen gescheut. Dabei vereinigte China die Vorzüge des sozialistischen Sportsystems, etwa die Sportschulen, die körperlich gut gebaute und talentierte Kinder und Jugendliche rekrutieren, mit der Scheckbuch-Politik: Aus dem Ausland wurden 20 prominente Trainer engagiert. Die Sportler erhielten umgerechnet 35 000 Euro pro Goldmedaille, mehr als viele Chinesen in einem halben Leben verdienen.

Dabei galt für die chinesischen Sportler: Gold oder gar nichts, Silber und Bronzemedaillen wurden kaum honoriert. Das hatte nichts mit geheimnisvollen chinesischen Mythen zu tun, wie manchmal gemunkelt wurde, sondern war Resultat einer einfachen Rechnung: Bei den vorherigen Olympischen Spielen in Athen hatten die USA insgesamt 102 Medaillen gewonnen und Russland 92, China nur 63 – das aufzuholen schien aussichtslos. Goldmedaillen hatte China 32 gesammelt und damit nur vier weniger als die USA. Hier zu überholen war ein realistisches Ziel – das bei den Spielen in Peking 2008 mehr als erfüllt wurde: China gewann 51 Goldmedaillen und wurde damit die Nummer eins, weit vor den USA mit 36 Goldmedaillen und Russland mit 23.

»Der chinesischen Regierung geht es bei ihrer Sportförderung in erster Linie um die internationale Reputation«, meinte Professor Eike Emrich, Sportwissenschaftler und damals Vizepräsident des Deutschen Leichtathletikverbands. Inwieweit Doping im Spiel ist, sei schwer zu überprüfen, den Hauptfaktor sehe er aber in etwas anderem: »In einem Land mit 1,3 Milliarden Einwohnern ist es leichter, Talente zu entdecken und zu fördern.«

Schon lange vor Olympia 2008 wurde dabei nichts dem Zufall überlassen: Da Fang, Kapitänin der chinesischen Damen-Basketballmannschaft, war mit 1,88 Metern für chinesische Verhältnisse eine Riesin. Als sie ihre aktive Zeit beendete, schlugen Sportfunktionäre ihr vor, einen Basketballstar zu gebären. Sie hatte weder einen Freund noch einen Mann. Und das war auch gut so. Denn die Partei hatte bereits einen für sie ausgesucht, den 2,08 Meter großen Basketballspieler Yao Zhiyuan. Yao Mings Biograf Brook Larmer bezeichnet diese Gespräche als Beginn der *Operation Yao Ming*, so der Titel seines Buchs darüber.

Nervös warteten Chinas Sportfunktionäre 1980 auf Nachrichten aus dem Krankenhaus Nummer 6 in Shanghai. Am 12. September kurz nach 19 Uhr meldeten die Ärzte dort Vollzug: Das lange erwartete Baby war geboren. Der kleine Yao Ming wog mehr als fünf Kilogramm, doppelt so viel wie ein durchschnittliches chinesisches Neugeborenes. Nach dieser erfolgreichen Aktion sollte die Ein-Kind-Politik für die Auftragseltern ausgesetzt werden: Sie sollten eine ganze Basketballmannschaft züchten. Dass es nicht dazu kam und Yao Ming einmalig blieb, hing ebenfalls mit großer, noch länger vergangener Politik zusammen.

1967, während Maos Kulturrevolution, im Basketball-Trainingszentrum Nanjing-Straße Nummer 651 in Shanghai: Auch die Sportschüler hatten sich, von Mao aufgehetzt, in Rote Garden verwandelt. Sie fesselten Zhu Yong, einen der führenden Sportfunktionäre der Stadt, und beschuldigten ihn des »Trophäismus«. Sie schlugen ihn mit ihren Fäusten und mit Knüppeln. »Spion! Verräter! Konterrevolutionär!«, schrie ihn eine 17-jährige Nachwuchssportlerin an. »Feind des Volkes, gestehe deine Verbrechen!« Es war die Stimme von Da Fang, der späteren Mutter von Yao Ming und Gebärerin einer ganzen Basketballmannschaft in spe.

Anfang der 80er-Jahre war Zhu Yong rehabilitiert, wieder in Amt und Würden und einer der Offiziellen, der über die Sondergenehmigung zu entscheiden hatte. Natürlich sagte er Nein. Mit der Geburt von Yao Ming hatten seine Eltern ihre »Pflicht gegenüber dem Vaterland« erfüllt. Plötzlich wurde Da Fang geächtet. Die frühere Nationalheldin musste nun in einem Heim für pensionierte Athleten Seife verteilen, während ihr Mann im Shanghaier Hafen schuftete. Zusammen verdienten sie kaum mehr als die Hälfte eines durchschnittlichen städtischen Haushaltseinkommens in China, das damals sehr niedrig lag. Und damit mussten sie ein Riesenbaby versorgen. Die Marktfrauen in Shanghais Wukang-Straße erinnern sich an seine Mutter: Jeden Abend kam sie nach Einbruch der Dämmerung in abgetragenen Kleidern und feilschte um günstige Preise für ein Stück altes Schweinefleisch oder eine Portion Reis.

Nach diesen Erfahrungen wollten seine Eltern für ihren Sohn alles, nur nicht, dass er Basketballspieler wird. »Wenn Athleten in China aufhörten zu spielen, dann hatten sie gewöhnlich keinen Beruf gelernt«, erzählte Vater Yao Zhiyuan, selbst neun Jahre lang Profisportler, von seinen eigenen Erlebnissen. »Und genug Geld, um etwas anzusparen, verdiente man damals als Sportler auch nicht.« Doch wieder wurden die

Eltern nicht gefragt. Mit 13 war Yao Ming bereits zwei Meter groß. Keine Frage für die Offiziellen: Er musste zu Hause ausziehen und am Shanghaier Sporttechnologie-Institut Basketball trainieren. Mit Sportschuhen in passender Größe konnte ihn der Staat aber nicht ausstatten. Verzweifelt wandte sich seine Mutter an Bekannte in den USA. Der Wirtschaftsstudent , dessen Eltern von Shanghai nach Wisconsin ausgewandert waren, brachte Yao Ming Nike-Schuhe. Diese Gefälligkeit hat sich für ihn ausgezahlt – er wurde Yaos Freund und über viele Jahre sein Manager.

Das Geschenk war Yao Mings erste kurze Begegnung mit dem amerikanischen Sportartikelhersteller Nike. Intensivere sollten folgen. China öffnete sich wirtschaftlich weiter, und internationale Konzerne wie Nike gierten nach dem gewaltigen Markt. Sie suchten einen Sympathieträger, mit dem sie in China für ihre Schuhe, Turnhosen und T-Shirts werben konnten – und fanden ihn in Yao Ming, mittlerweile erfolgreicher Basketballspieler. 1999 nahmen sie den damals 18-Jährigen unter Vertrag. 2003 wechselte er von Nike zu Reebok. »Heute bin ich der bekannteste Kapitalist in China«, sagte Yao Ming. »Und ich habe kein Problem damit. Meine Eltern spielten Basketball nur für den Ruhm der Nation. Wir denken auch an unsere Altersversorgung.«

Ein Understatement des Multimillionärs. Als wir ihn nach seiner ungewöhnlichen Lebensgeschichte fragten, wählte er seine Worte vorsichtig. Er wollte es sich weder mit seiner Regierung noch mit seinen Sponsoren verderben – und in einer von Konfuzius geprägten Kultur schon gar nicht mit seinen Eltern. »Mein Traum ist, dass China einen neuen Weg findet, Nachwuchssportler auszuwählen«, antwortete er und begründete dies sportlich: »Jetzt messen wir Kindern die Knochen, nehmen nur die Großen, viele bekommen keine Chance. Darum haben wir gute Spieler im Angriff und in der Mitte, aber keine guten Verteidiger.« Yao Ming ärgert sich immer wieder öffentlich über Schwächen des chinesischen Basketballteams.

Fünf Sicherheitsmänner in dunklen Anzügen führten Yao Ming durch eine Hintertür ins Pekinger *Grand Hyatt Hotel*. Im großen Ballsaal war er zunächst nur auf einer Kinoleinwand zu sehen, ein Jäger schoss auf einen Elefanten, der Basketballer startete durch und stoppte die Kugel mit der Hand. Eine Veranstaltung von WildAid zum Schutz bedrohter Tiere. Dann betrat Yao Ming persönlich den Saal und erklärte: »Ich gelobe, vom heutigen Tag an keine Haifischflossensuppe mehr zu essen.« Was woanders nichts Besonderes wäre, ist in China eine mutige Aktion. Fast jeder dort, der es sich leisten kann, würde diese teure Delikatesse gern löffeln, die bis zu – umgerechnet – 80 Euro pro Teller kosten kann. Tierschutz hat keine Tradition im Reich der Mitte, auch Konfuzius hat nichts getan, um das zu ändern, im Gegenteil. In den *Gesprächen* heißt es: »*Als Konfuzius einmal bei Hofe war, brannte sein Pferdestall ab. Nach seiner Rückkehr fragte er: ›Sind Menschen zu Schaden gekommen?‹ Nach den Pferden erkundigte er sich nicht.*« Riskanter für Yao Ming als das Unverständnis in der breiten Bevölkerung: Staats- und Parteifunktionäre glauben, sie würden einem Gast keine Ehre erweisen, wenn sie die Haifischflossensuppe nicht bestellen. Sie bestraften Yao Ming, indem sie die Medien so gut wie nicht über die Veranstaltung berichten ließen.

Yao Ming lebte und lebt zwischen Ost und West. In seinen persönlichen Gewohnheiten unterschied er sich stark von den amerikanischen Spielern in der National Basketball Association (NBA), auf die in jeder Stadt Groupies warten. »Es gibt ein anderes Verständnis von Ehre und Scham, ich akzeptiere das ihre, behalte aber meines«, sagte Yao Ming, wie immer diplomatisch. Als eine chinesische Zeitung ihn und den amerikanischen Spieler Moochie Norris gemeinsam interviewte und den

Amerikaner fragte, ob er Kinder habe, antwortete Yao Ming für ihn: »Er ist nicht verheiratet.« Norris warf lächelnd ein: »Das stimmt, aber ich habe zwei Kinder.«

Am linken Handgelenk trug Yao Ming ein rotes Armband, das ihm seine Freundin geschenkt hatte, die 1,90 Meter große chinesische Basketballspielerin Ye Li. Selbst für chinesische Verhältnisse hatte er sie auf recht traditionelle Weise erobert: »Über ein Jahr lang fragte ich sie, ob sie mit mir gehen will. Sie sagte Nein. Aber nach einem Jahr merkte ich eine Veränderung: Sie sagte weiterhin Nein, aber schon etwas zögerlich. Da merkte ich, ich habe eine Chance.« Mittlerweile haben die beiden geheiratet. Ihre Tochter wurde in Houston in den USA geboren.

Damals sprach Yao Ming wenig über seine Freundin, und aus Angst vor dem Rummel führten sie ein zurückgezogenes Leben, fernab von dem, was in China sonst passierte. Für seinen Sponsor McDonald's chattete Yao Ming online mit Fans. »Was für ein Tag war gestern?«, fragte ihn die Weltklasseturnerin Sang Lan, welche die Diskussion moderierte. Sie war 1998 bei einem missglückten Salto verunglückt und sitzt seither im Rollstuhl. Der Vortag war das chinesische Pendant zum Valentinstag gewesen, doch Yao Ming hatte nichts davon gehört. »Hat dir jemand Grüße per SMS geschickt?«, bohrte Sang Lan weiter. »Nein«, antwortete er. Da entgegnete die behinderte Sportlerin nur noch: »Erbarmungswürdiger Yao.«

Yao Ming redete in dem Chat derweil über einen anderen Traum: bei der Eröffnung der Olympischen Spiele in Peking 2008 als Fahnenträger die chinesischen Sportler ins Stadion zu führen, wie schon in Athen 2004. Dieser Traum wurde wahr – und keiner hat Yao Ming übersehen. Manchmal hat es auch Vorteile, groß zu sein.

Im Weltall werden die Letzten die Ersten sein

29. September 2011, 21:16 Uhr: Vom Weltraumbahnhof Jiuquan in der Wüste Gobi startet der *Himmelspalast*, wie das Raumlabor *Tiangong 1* wörtlich übersetzt heißt. Der Ruf *chengchang* schallt durch den Raum – alles in Ordnung. Vor Ort dabei ist Premierminister Wen Jiabao. Und Präsident Hu Jintao überwacht das Abheben der Rakete *Langer Marsch* vom Raumfahrtkontrollzentrum in Peking aus. Als nach zehn Minuten – in 200 Kilometern Höhe – der *Himmelspalast* von der Trägerrakete getrennt wird, applaudieren die Techniker. Hunderte Millionen verfolgen den erfolgreichen Start währenddessen live im Fernsehen. »Wir sind auf dem Weg, das ausgedehnte Universum zu bevölkern«, schreibt ein Chinese im Internet. Ein anderer meint: »Der Stolz unserer Nation erschüttert die Welt und ist wieder tief in meinem Herzen.«

Der 29. September 2011 wird als der Tag in die Geschichte eingehen, an dem Chinas Aufstieg zur führenden Macht im Kosmos begann – und der Abstieg des Westens. Zwar ist *Himmelspalast 1* nur ein erstes Bauteil, mit dem getestet werden soll, wie man die zukünftige Weltraumstation zusammensetzt. Doch bereits einen guten Monat später dockte die unbemannte Raumkapsel *Shenzhou 8* (*Göttliches Schiff*) in 343 Kilometern Höhe an. Und laut Plan soll dann 2013 *Shenzhou 10* mit der ersten chinesischen Astronautin an Bord dorthin fliegen und in dem 15 Quadratmeter kleinen Labor experimentieren, zum Wohle der Wissenschaft und der Medizin.

2003 startete Yang Liwei als erster Chinese ins Weltall, mit der *Shenzhou 5*. Damit war China nach der Sowjetunion und den USA das dritte Land, das dies aus eigener Kraft geschafft hat. 2009 landete die chinesische Raumsonde *Chang'e 1* auf dem Mond, sie ist nach der chinesischen Göttin des Mondes benannt.

Göttliches Schiff, *Mondgöttin*, *Himmelspalast* – die Wortwahl erfolgt nicht zufällig. Der Traum der Chinesen, in den Himmel zu fliegen, ist uralt. »Der *Himmelspalast* ist ein Traumhaus aus dem chinesischen Volksglauben«, schreibt die offiziöse *China Daily* zum Start von *Tiangong 1*. »Lange hat man es sich ausgemalt als geheimen Ort, an dem die Götter leben.« Juden, Christen und Moslems glauben an nur einen Gott und scheuen sich, in sein Werk einzugreifen oder gar zu ihm hochzufliegen. Chinesen hingegen haben diese Berührungsängste nicht. Bis zum Jahr 2020 soll eine chinesische Raumstation vollständig zusammengebaut und betriebsbereit sein. Interessant daran: Bis zum selben Jahr unterhalten Amerikaner, Russen, Deutsche und andere Länder nach bisheriger Vereinbarung die Internationale Raumstation ISS – danach geben sie möglicherweise aus Geldnot auf.

Die ehemalige US-Astronautin Wendy B. Lawrence hofft: »Vielleicht ist der Start von *Tiangong 1* genau der Tritt in den Hintern, den wir brauchen.« Doch große Projekte und Ehrgeiz gelten im Westen zunehmend als suspekt. Da heißt es: Was suchen wir im Kosmos? Wer weiß, was diese Ausgaben bringen? Dann verzichten wir lieber darauf. Mit dieser Mentalität wären kein Kölner Dom gebaut und keine Eisenbahn erfunden worden. In China denkt man da traditionell anders – schon seit Konfuzius' Zeiten. Der Meister sprach: *»Lernen ist wie das Anhäufen von Erde. Ist der Hügel fast fertig, bis auf einen einzigen Korb*

Erde, und ich höre auf, so ist das ein Stillstand, den ich selbst verschuldet habe. Wenn ich aber erst beginne und gerade einen einzigen Korb Erde hingeschüttet habe, mich aber weiterhin abmühe – das ist ein Fortschreiten, das ich selbst zuwege bringe.«

1957 startete die Sowjetunion in Baikonur, Kasachstan, den ersten künstlichen Erdsatelliten *Sputnik 1*. Man sprach vom Sputnik-Schock, damals fürchtete der Westen noch eine technische Überlegenheit des sozialistischen Lagers. Als Reaktion investierte die US-Regierung in die Bildung – und in die Weltraumfahrt. Im Ergebnis landeten 1969 die ersten Menschen auf dem Mond, die Amerikaner Neil Armstrong und Buzz Aldrin.

Zum Mond wollen die Chinesen auch. Und wie es derzeit aussieht, werden sie dann dort allein sein. »Nachzügler haben einen Vorteil«, meint Fu Song, Professor an der Schule für Luft- und Raumfahrt der Pekinger Tsinghua-Universität, »unsere Kosten sind kleiner und Fehler können vermieden werden.« Zhang Shancong, stellvertretender Chefdesigner von *Himmelspalast 1*, kündigt an: »Mit speziellen Kameras werden wir von oben Bilder der gewaltigen chinesischen Ackerbauflächen aufnehmen, um Verschmutzungen durch Schwermetalle festzustellen, Überreste von Pestiziden und Pflanzenkrankheiten.« Auch wollen die chinesischen Astronauten in der Schwerelosigkeit mit photonischen Kristallen experimentieren, wovon sie sich eine Revolution der Informationstechnologie erhoffen.

Andere hingegen unterstellen böse Absichten, so etwa Huang Jing, Professor an der Nationalen Universität von Singapur: »China glaubt, wer das Weltall beherrscht, der wird in der Kriegsführung überlegen sein.« Auch Joan Johnson-Freese, Professorin an der US-Hochschule für Seekrieg in Newport, Rhode Island, meint: »Den Chinesen die bemannte Raumfahrt zu überlassen wird auf lange Sicht gewaltige Auswirkungen haben für die strategische Führung auf der Erde.«

Dabei haben die Amerikaner Chinas eigenen Vormarsch

ins Weltall selbst ausgelöst. Ursprünglich wollten die Chinesen gemeinsam mit anderen Nationen an der Internationalen Raumstation ISS mitarbeiten. Die USA verhinderten das, sie fürchteten um ihre technischen und militärischen Geheimnisse. Zhou Jianping, Chinas Chefdesigner für die bemannte Raumfahrt, sagt: »Wir wollen unsere künftige Raumstation zu einer internationalen Plattform für die Weltraumforschung machen.« Was aber den Austausch einschließen müsse. »Wenn die USA weiter so misstrauisch bleiben, spornen sie uns nur noch stärker an, von allein aufzuholen.«

Die Missionare des Konfuzius in Europa

Der deutsche Entertainer Harald Schmidt spielte bei Chinas internationaler Offensive eine Schlüsselrolle – so skurril sich das zunächst anhört. Als sich die Volksrepublik in den 90er-Jahren nämlich noch unsicher war, wie sie mit dem von Mao verdammten Philosophen umgehen sollte, zeigte Schmidt in seiner Show eine Rubrik »Die Weisheiten des Konfuzius«. Und die entstand so: Thomas Schmidt, mit Harald Schmidt nicht verwandt, damals aber für seine Show als Segment-Producer tätig, löffelte im Kölner chinesischen Restaurant *Mandarin* eine Wan-Tan-Suppe. Es bedienten ihn die Kellner Li Guofu, ein Maschinenbauingenieur mit Diplom, und Wang Zhiqin, ein ehemaliger Pharmakologiedozent. Er fand die beiden beziehungsweise ihren chinesischen Akzent so komisch, dass er sie einlud, regelmäßig in der Show aufzutreten.

Das sah dann folgendermaßen aus: Der kleine kräftige Herr Wang leitete den Sketch jedes Mal ein mit »Konfuzius sagt …« Der große dürre Herr Li sang darauf: »Dlei Chinesen mitte deme Kontalabasse« oder: »Meine Omma fählt inne Hünastalle Motooolatte«. Das war natürlich grober Unfug, zumal es auch im Chinesischen einen »r«-Laut gibt. Den spricht man zwar anders aus als im Deutschen, eher so wie das »r« im englischen *wrong*, doch den meisten Chinesen fällt unser »r« nicht schwer.

Wie dem auch sei, das Publikum johlte. Harald Schmidt meinte, Li und Wang stünden für »China, wie es singt und lacht«.

Einer lachte aber überhaupt nicht: Lu Qiutian, damaliger Botschafter der Volksrepublik China in Deutschland. Er fand seine Nation nicht angemessen dargestellt – und schon gar nicht ihren größten Sohn, Konfuzius. Zusammen mit anderen beschloss er, Anstalten zu gründen, die weltweit die chinesische Sprache und Kultur verbreiten. Diese nannten sie Konfuzius-Institute.

Am Eingang des Hamburger Parks Planten un Blomen (Plattdeutsch für »Pflanzen und Blumen«) lädt die Comicfigur eines Schweins zum Kinderfest. 1821 pflanzte der Botaniker Johann Georg Christian Lehmann die erste Platane für diese 47 Hektar große Parkanlage. Heute, am Weltkindertag, werden dort chinesische Schriftzeichen gepinselt, zumindest an einem der vielen Stände, dem des Hamburger Konfuzius-Instituts.

Mit der Macht des Philosophen will China sein Image im Ausland aufpolieren, auch dafür wird der Weise aus Qufu genutzt. 2004 wurde das erste Konfuzius-Institut gegründet, in Seoul, Südkorea. Inzwischen wirken bereits 328 Institute in 82 Ländern, darunter zwölf in Deutschland, etwa in Berlin, Frankfurt, Erlangen und Freiburg. Und täglich werden es mehr, im Jahr 2020 sollen es weltweit 1000 sein. Zum Vergleich: Goethe-Institute gibt es noch 136, Tendenz fallend.

Über dem Stand im Hamburger Park hängt ein buntes Poster von Konfuzius. Deutsche Kinder üben sich in Kalligrafie, schreiben ihren Namen mit Schriftzeichen. Dazu brauchen sie aber zuerst einmal einen chinesischen Namen, wie ihn die Ausländer haben, die in der Volksrepublik leben. Der chinesische Name ermöglicht es Chinesen, Ausländer mit Worten anzureden, die sie schreiben und aussprechen können. Da in China jeder Name etwas bedeutet, werden positiv besetzte

Schriftzeichen gewählt, die im Idealfall ähnlich klingen wie der westliche Name. Letzteres ist weitläufig zu verstehen. Ein fünfjähriges blondes Mädchen heißt Madeleine. »Wir machen daraus Mateling, *ma* für das Mineral Achat, *te* für speziell, *ling* für Phosphor«, erklärt ihr eine chinesische Betreuerin. Madeleine selbst glaubt, sie male mit dem dicken Pinsel eine Blume. »Bei unserem Mal- und Bastelprogramm für Drei- bis Zehnjährige kann jedes Kind seine ersten Erfahrungen mit der chinesischen Sprache sammeln«, sagt Carsten Krause, Direktor des Hamburger Konfuzius-Instituts. »Das ist sehr fremd, aber gleichzeitig macht es Spaß.«

Der Direktor des Konfuzius-Instituts ist ein junger Sinologe von der Universität Hamburg. Auch dies ist chinesische Flexibilität: Das Büro für chinesische Sprachausbildung (Hanban), das hinter den Konfuzius-Instituten steckt, sucht sich immer einen ausländischen Partner, gewöhnlich eine Universität. Die stellt und bezahlt den Direktor, die Chinesen schicken einen Vizedirektor. Die ausländische Seite besorgt und bezahlt die Räumlichkeiten, die chinesische kümmert sich um Projekte und Veranstaltungen. Dieses Vorgehen spart eine Menge Geld. Für den Start eines Konfuzius-Instituts in Deutschland zahlt das Hanban 80 000 Euro. Nach fünf Jahren soll sich die Einrichtung sogar selbst tragen. Ein Goethe-Institut im Ausland dagegen kann bis zu vier Millionen Euro pro Jahr kosten. Auch kennt sich ein Direktor, der aus dem Gastgeberland kommt, besser mit den lokalen Gepflogenheiten aus und kann so erfolgreich arbeiten. Politisch lässt die Kombination »ausländischer Direktor, chinesischer Stellvertreter« die Institute unabhängig erscheinen. Das erinnert an die kommunistische Volksfronttaktik, etwa in westdeutschen Friedensinitiativen der 80er-Jahre, wo oft ein DKP-Mann die Geschicke lenkte, ein Pfarrer aber Vorsitzender war.

Das Programm des Konfuzius-Instituts in Hamburg reicht

von Sprachkursen über kulinarischen Dialog (»Wo treffen sich die Geschmäcker?«) bis zu Workshops für Jugendliche, Thema etwa: »Konfuzius – zu Gast bei dem weisen Chinesen«. Eine Teilnehmerin, die Gymnasiastin Anna, möchte sich hier auf ein Austauschjahr in China vorbereiten, »damit will ich meine Berufschancen erhöhen«. Mit Konfuzius selbst haben die Konfuzius-Institute so viel oder so wenig zu tun wie die Goethe-Institute mit Goethe oder das spanische Instituto Cervantes mit dem Autor des *Don Quijote*. »Wir verbreiten nicht die Ideen des Konfuzius, aber sein Name steht für die chinesische Kultur«, sagt der Hamburger Institutsdirektor Krause. Auch sein Fachkollege Tilman Spengler findet die Namenswahl naheliegend: »Konfuzius kommt da gerade recht, denn die ganze Welt kennt ihn. Man assoziiert: Konfuzius, das ist weise, das ist traditionell. Das ist die Klugheit Chinas. Deshalb ist er exportfähig.«

Chinas designierter Staats- und Parteichef Xi Jinping sprach am 19. Juni 2010 bei der Gründung des Konfuzius-Instituts an der Victoria University von Wellington, der Hauptstadt Neuseelands. Am Tag darauf eröffnete er im Royal Melbourne Institute of Technology in Australien ein Konfuzius-Institut, das sich speziell der traditionellen chinesischen Medizin widmet. Im selben Jahr besuchte er auch das Konfuzius-Institut an der Stockholmer Universität.

Die Kommunistische Partei Chinas setzt auf den politischen Nutzen der scheinbar unpolitischen Sprach- und Kulturinstitute. Als er das Büro für chinesische Sprachausbildung (Hanban) inspizierte, sagte Li Changchun, für Ideologie und Propaganda zuständiges Mitglied des Politbüros der Partei: »Die Konfuzius-Institute sind ein wichtiger Kanal, um die chinesische Kultur zu verherrlichen und weltweit zu verbreiten. Sie gehören zu unserer Auslandspropaganda.« Der Wunsch der Partei ist nicht unbedingt jedem Direktor eines Konfuzius-Instituts Befehl, auch längst nicht immer für die chinesischen Stellvertreter, die eher Intellektuelle sind als Parteisoldaten. Wie aus »interkulturellem Dialog« aber sehr leicht weiche Auslandspropaganda werden kann, zeigte ein Symposium des Konfuzius-Instituts Hannover im Oktober 2009. Scheinbar ging es um ein kulturelles und historisches Thema: »Leibniz und Konfuzius«.

Gottfried Wilhelm Leibniz (1646–1716) war als Philosoph, Mathematiker, Physiker, Biologe, Theologe und Politiker einer der großen Universalgelehrten. Er erfand das Dualsystem, gründete eine Witwen- und Waisenkasse, entwickelte Pläne für ein Unterseeboot und erfand eine mechanische Rechenmaschine. Auch für China zeigte er großes Interesse. Zwar ist er nie außerhalb Europas gereist, doch über Diplomaten, Missionare und andere Asienreisende erfuhr er viel über das ferne Land. In den 15 000 Briefen, die von ihm erhalten sind, äußerte er sich oft dazu: »Die höchste Kultur und die höchste technische Zivilisation der Menschheit sind heute gleichsam gesammelt an zwei äußersten Enden unseres Kontinents, in Europa und in China, das gleichsam wie ein Europa des Ostens das entgegengesetzte Ende der Welt ziert«, stellte er fest. An den China-Missionar und Direktor des Astronomischen Amts in Peking, Claudio Filippo Grimaldi, schrieb er 1692: »Lasst uns unsere Verdienste zusammenwerfen und Licht am Lichte anzünden. Austausch, lernen, profitieren, sodass dadurch etwas Vorzügliches, Vernünftiges für beide Seiten herauskommt.«

Das soziale Verhalten der Chinesen hielt er dem der Europäer für überlegen, da sie alles verachteten, »was bei den Menschen Aggressionen erzeugt und fördert«. Im Reich der Mitte lebe ein Volk, »das uns, die wir doch nach unserer Meinung so ganz und gar zu allen feinen Sitten erzogen sind, gleichwohl in den Regeln eines noch kultivierteren Lebens übertrifft«. Die Europäer sollten von den Chinesen lernen, »nämlich vor allem die Anwendung einer praktischen Philosophie und eine vernunftmäßigere Lebensweise, um von ihren anderen Errungenschaften jetzt nichts zu sagen«. Das gipfelte in Leibniz' Vorschlag, China solle Missionare nach Europa schicken, um hier die konfuzianische Sittenlehre zu verbreiten.

Bei der Veranstaltung des Konfuzius-Instituts in Hannover wurden Leibniz' Äußerungen, sei es geschickt geplant oder unbeabsichtigt, in einen ganz neuen Kontext gesetzt. De facto wurde er für KP-Propaganda eingespannt: Westliche Medien, so einige der Veranstalter, würden bei ihrer Kritik an Menschenrechtsverletzungen übersehen, dass China anders sei und nicht mit europäischen Maßstäben gemessen werden könne. Damit seien die heutigen Kritiker genauso ignorant wie Leibniz' Widersacher damals. In Wahrheit hatte sich Leibniz als früher Vertreter der Aufklärung gegen die Bevormundung der Untertanen durch die Herrscher ausgesprochen, zu Toleranz und Respekt unterschiedlicher Betrachtungsweisen aufgerufen: »Woher weißt du, dass deine Vernunft besser ist als meine? Welches Kriterium hast du für die Wahrheit?« Für Unterdrückung der Pressefreiheit etwa hätte er kein Verständnis gehabt.

Bei dem Symposium in Hannover wurden zwei ursprünglich getrennt geplante Foren zusammengeworfen: »Der interkulturelle Dialog zwischen China und Deutschland in der Politik« und »Der interkulturelle Dialog zwischen China und Deutschland in den Medien«. Für die Politik saßen fast nur chinesische Regierungsvertreter auf dem Podium, für die Medien fast nur deutsche Journalisten. Das verstärkte den Eindruck, hier würden kulturell unsensible, besserwisserische Deutsche die Chinesen angreifen. Dabei hätten chinesische Journalisten ebenfalls kritische Ansichten über die Verhältnisse in ihrem Land geäußert. »Warum können die Journalisten nicht so offen sein wie die Unternehmer?«, fragte eine Frau mittleren Alters. Beim vorherigen »interkulturellen Dialog zwischen China und

Deutschland in der Wirtschaft« war nämlich kaum ein Hauch von Skepsis zu spüren gewesen. Kein Wunder – die Beteiligten wollten ihre Investitionen in der Volksrepublik nicht gefährden.

Reich werden mit Konfuzius

Kaum jemand kennt Foxconn, aber fast jeder besitzt ein Produkt dieses Unternehmens: Vom iPad, iPhone über iPod bis zum Nintendo DS, vom Dell- und HP-Computer bis zu Amazons Lesegerät Kindle, von Nokia- und Motorola-Handys bis zur Playstation von Sony – ein Großteil unserer Elektronik wird in den chinesischen Fabriken dieser Aktiengesellschaft aus Taiwan hergestellt. In China beschäftigt sie eine Million Mitarbeiter – so viele, wie Köln Einwohner zählt.

Ins Gespräch gekommen ist das Unternehmen durch seine Arbeitsbedingungen: 15 Stunden lange Schichten, Sprechverbot an der Werkbank und festgelegte Zeiten für den Toilettengang. Im Jahr 2010 nahmen sich mindestens 18 Arbeiter das Leben. Sie erhängten sich in Fabriktoiletten oder stürzten sich aus Wohnheimgebäuden. Deshalb ließ die Firmenleitung an den Außenwänden Netze spannen, um Lebensmüde aufzufangen. Auch mussten sich die Mitarbeiter schriftlich verpflichten, keinen Selbstmord zu begehen. Nach Protesten zog Foxconn dieses Schreiben zurück und richtete stattdessen eine 24-Stunden-Hotline mit 100 Psychologen ein. Jetzt will das Unternehmen einen Teil seiner Belegschaft durch eine Million Roboter ersetzen. Schließlich klagen die nicht über Schinderei am Arbeitsplatz und begehen deutlich seltener Suizid.

Foxconn ist nur einer von mehreren Hightech-Giganten aus China, die eine beherrschende Stellung auf dem Weltmarkt erlangt haben. Bei Kühlschränken und anderen Haushaltsgeräten führt Haier. Firmenchef Zhang Ruimin klaute von seinem ehemaligen deutschen Joint-Venture-Partner Liebherr nicht nur das Know-how, sondern gleich auch dessen chinesischen Namen Haier, der sich von der zweiten Silbe des deutschen Namens Liebherr ableitet. »Wer mit den Wölfen tanzt, muss selbst einer werden«, sagt Zhang Ruimin. Er nutzte die deutsche Technologie, um groß zu werden, und machte sich dann selbstständig. Heute erreicht Haier mit 50 000 Mitarbeitern einen Umsatz von umgerechnet 13 Milliarden Euro. Liebherr kommt mit 32 000 Mitarbeitern auf nicht einmal mehr 8 Milliarden Euro.

Die Nummer eins auf dem Weltmarkt für Klimaanlagen heißt Yuanda. Die Firmenzentrale liegt in Changsha, der Hauptstadt von Maos Heimatprovinz Hunan. Im chinesischen Vergleich gilt sie als arm, doch auch von hier aus wird die ganze Welt mit Hightech beliefert. Täglich um Viertel vor acht treten die Arbeiter von Yuanda, blau uniformiert, in Reih und Glied an und singen die Firmenhymne: »Ich liebe den Sommer und bin voller Energie. Ich liebe unsere Kunden und vermehre ihr Vermögen. Ich liebe China. Es wird stärker und reicher.«

Ein junger Chinese sitzt in der Schaltzentrale des Unternehmens. Wenn er wollte, könnte er von hier aus die Temperatur in den Pharmakonzernen Boehringer und Schering/Berlin verändern, ebenso an der Universität Ulm und im Aquarium von Wilhelmshaven. Denn das sind Kunden von Yuanda, und ihre Klimaanlagen werden von hier zentral gesteuert.

Zhang Yue, Gründer der Firma, hat lange Haare und engagiert sich für den Umweltschutz. Er war der erste Chinese, der sich ein Privatflugzeug kaufte, bald wurden es sechs, doch drei davon hat er wieder verkauft. Er will jetzt den Planeten retten und hat zu diesem Zweck auf dem Fabrikgelände eine Farm mit Schweinen und Hühnern angelegt. Sie werden mit Resten aus der Kantine gefüttert.

Den Planeten nicht retten, sondern erobern will ihn der Unternehmer Li Dongsheng – und ist dabei schon weit gekommen. Sein Unternehmen TCL, mit Marken wie Thomson und Alcatel, ist der größte Hersteller von Fernsehgeräten weltweit. Li gründete das Unternehmen 1986 mit einem Kredit über 600 Dollar. TCL stand damals für »Today China Lion«, heute für »The Creative Life«. Damals träumte der Gründer davon, das »chinesische Sony oder Samsung« zu werden. 2002 übernahm er die insolventen Schneider-Werke in Deutschland, 2004 die Fernsehersparte von Thomson aus Frankreich. Im selben Jahr gründete TCL ein Joint Venture mit dem französischen Telekommunikationsunternehmen Alcatel, das inzwischen eine hundertprozentige Tochter von TCL ist. TCL schloss die bisherigen Schneider-Werke in Türkheim (Unterallgäu) im Januar 2005, denn die Chinesen waren nur an dem Know-how interessiert, weniger daran, in Deutschland zu produzieren.

Wie TCL hat auch BYD einen blumigen Namen: Die Abkürzung steht für »Build Your Dreams«. BYD stellt nicht nur sehr erfolgreich Billigautos für den chinesischen Markt her, sondern ist auch einer der weltweit größten Produzenten von Lithium-Ionen-Batterien, die heute hauptsächlich in Handys und Laptops eingesetzt werden. Doch auch für künftige Elektroautos sind sie als Energiespeicher erste Wahl. Deshalb stehen deutsche Autokonzerne bei BYD-Chef Wang Chuanfu Schlange, VW hat eine Kooperation vereinbart. Daimler-Chef Dieter Zetsche gründete gemeinsam mit BYD ein Unternehmen zum Bau von Elektrofahrzeugen. Der US-Investor Warren Buffett, für seine gute Nase bekannt, hat sich kürzlich mit 10 Prozent an BYD beteiligt.

In einem Nebengebäude des Pekinger Konfuzius-Internats: Über den Fünf- bis Achtjährigen hängt eine überlebensgroße Tuschzeichnung des Philosophen. Die Schüler pinseln faustgroße Zeichen in Schönschrift. Kalligrafie ist eine uralte chinesische Tradition, und das hat gute Gründe: In China werden verschiedene Dialekte gesprochen, die sich so stark voneinander unterscheiden wie Deutsch von Französisch. Allen Chinesen gemeinsam aber sind die Schriftzeichen. Deshalb werden sie auch als »zweite Chinesische Mauer« bezeichnet.

»Es gab in den kaiserlichen Examina als eines der Prüfungsfächer Kalligrafie«, sagt Sinologe Tilman Spengler. »Das war eine wunderschöne Praxis. Kalligrafie ist praktizierte Ästhetik. Wenn von dem, was wir für China halten, sehr viel verschwunden ist, wird die Schrift übrig bleiben.« Bei der Kalligrafie geht es darum, Geist und Körper in Einklang zu bringen. Sie fördert Disziplin, Geduld und Ausdauer. Was in der Konfuzius-Schule weltfremd und rückwärtsgewandt aussieht, hat in Wahrheit sehr viel mit der Zukunft zu tun. China, Südkorea, Singapur – Länder, die in der konfuzianischen Tradition stehen, entwickeln sich erfolgreich. »Da besteht ein starker Zusammenhang«, sagt Schuldirektor Feng Zhe. »Der Konfuzianismus hat Verständnis für den Reichtum. Ob es um einzelne Menschen oder ganze Länder geht, er fördert den wirtschaftlichen Erfolg, ist dafür eine gute Anleitung.«

So einfach ist der Zusammenhang jedoch nicht. *»Strebe nie unlauter nach Reichtum«*, mahnte Konfuzius. Und er meinte auch: *»Dem Edlen geht es um innere Werte, der Gemeine hingegen ist auf Materielles aus.«* Gelehrte und Beamte gelten in seiner Lehre mehr als Geschäftsleute. Darauf verweist etwa Nicholas D. Kristof, langjähriger Peking- und Hongkong-Korrespondent der *New York Times*, meint aber: »Und doch denke ich, dass es gewisse Aspekte des Konfuzianismus gibt, die günstige Voraussetzungen für die Marktwirtschaft und eine schnelle Industrialisierung darstellen. So könnte zum Beispiel der konfuzianische Sinn für Zurückhaltung als mögliche Erklärung für die hohen Sparquoten der jüngsten Vergangenheit in China und seinen Nachbarländern dienen. In China liegen sie zum Beispiel pro Kopf zwischen 35 und 40 Prozent, im Vergleich zu 5 Prozent in den Vereinigten Staaten. Diese Ersparnisse liefern das Kapital, das in neue Fabriken, Straßen und Läden investiert werden kann und so das Wirtschaftswachstum in Gang hält. Chinas Sparquote – weltweit eine der höchsten – hilft, die Mittel bereitzustellen, um die industrielle Revolution zu finanzieren.« Sparsamkeit und Zurückhaltung forderte Konfuzius etwa, als er sagte: *»Maß und Mitte bewahren – das ist die höchste Tugend.«*

Der Ökonom Arthur Murray Whitehill verweist auf die Loyalität gegenüber Vorgesetzten in konfuzianischen Gesellschaften, außerdem auf die Hingabe an Familie und Gruppe. Letztere begünstige Fleiß und hohe Arbeitsmoral, die das Wirtschaftswachstum fördern. Im *Spiegel* steht zu lesen: »Die Tradition des Konfuzius trägt zum wirtschaftlichen Erfolg der Chinesen bei, die sich fest auf den Zusammenhalt ihrer Clans stützen können. Die Kredite von Auslandschinesen an ihre Angehörigen im Land brachten die Wirtschaft wieder in Schwung, als Deng Xiaoping Ende der 70er-Jahre seine Reform- und Öffnungspolitik begann. Noch immer sind viele Privatunternehmer auf die Hilfe ihrer Familie und Freunde angewiesen, da ihnen die staatlichen Banken nur zögerlich Kredite gewähren. Und jene Abermillionen Arbeiterinnen und Arbeiter, die in den Fabriken im Perlfluss-Delta ihre Gesundheit ruinieren, tun dies nicht zuletzt, um ihren Eltern ein würdiges Alter zu ermöglichen – und den jüngeren Geschwistern die nötige Schulbildung.«

Man sorge nicht nur für die Zukunft der Familie, sondern auch für den eigenen Nachruhm. Konfuzius sagte: *»Der Edle hasst den Gedanken, die Welt zu verlassen, ohne etwas geleistet zu haben,* *was bleibender Anerkennung wert ist.«* Außerdem führt Konfuzius' Philosophie der Ordnung zu einer effektiven Organisation in Regierung und Verwaltung, genauso in Betrieben. Musterbeispiel dafür ist Singapur, das ohne Umweg über den Kommunismus Jahrzehnte vor China mit dem konfuzianisch gesteuerten Wirtschaftswunder beginnen konnte. Die Kaufkraft seiner Einwohner liegt heute weltweit an vierter Stelle, deutlich vor Deutschland oder den USA. Vor 50 Jahren noch war Singapur ein malariaverseuchtes Hafennest, das unter den Folgen der japanischen Besatzung und der britischen Kolonialherrschaft litt. Im Vergleich dazu liegt China noch weit zurück, ist aber im Begriff, den von Chinesen dominierten Stadtstaat technologisch einzuholen. Singapur war und ist das kapitalistische Vorbild der kommunistischen Organisatoren einer roten Markwirtschaft.

Nach dem kommunistischen Organisations-Chart gibt der Staats- und Parteichef die große politische Linie vor, der Ministerpräsident kümmert sich um die wirtschaftliche Umsetzung. Als zukünftiger chinesischer Premier ist Li Keqiang vorgesehen, wie der designierte Staatspräsident Xi Jinping ein promovierter Jurist – das ist neu in der Volksrepublik. Erst war das Land von Berufsrevolutionären wie Mao und Deng Xiaoping geführt worden, dann von Ingenieuren wie Jiang Zemin und Hu Jintao.

1986, Zentrale der Kommunistischen Jugendliga in der Qianmen Dongdajie in Peking: In kargen Büros pinselten Funktionäre an politischen Papieren und entwarfen das Layout von Verbandszeitschriften. Als »Höflichkeitsempfang« war ein Gespräch angekündigt mit dem Mann, der sich in der Leitung der Jugendliga um internationale Beziehungen kümmerte. Sein Name: Li Keqiang. Wir wurden in einen Saal geführt, den zwei rote Sessel beherrschten. Ein Mitarbeiter bat den »ausländischen Ehrengast«, auf dem einen Sessel Platz zu nehmen, der andere war für Li Keqiang reserviert. Mit 31 Jahren war er damals noch ein junger Nachwuchsfunktionär, der breiten Öffentlichkeit in China nicht bekannt, vom Ausland ganz zu schweigen.

Li Keqiang betrat den Raum. Wie heute wirkte der schlanke Brillenträger freundlich und bescheiden. Eine Hostess reichte hohe chinesische Teetassen, nahm deren Deckel ab und goss heißes Wasser über die Blätter, wie bei offiziellen Empfängen in China üblich. Gefragt nach dem Einfluss der Jugendliga, äußerte sich Li ohne die bis dahin in sozialistischen Ländern übliche Prahlerei: »China ist groß. Es gibt Betriebe, in denen 50 Prozent der jungen Arbeiter bei uns Mitglied sind. Aber wir haben auch Dörfer in abgelegenen Gebieten, in denen die Jugendliga kaum bekannt ist.«

Schon damals sprach Li Keqiang vor allem über die Wirtschaft: »Unser Ziel ist, die Bedürfnisse der Menschen immer besser zu befriedigen. Wir entwickeln unsere Politik heute nach dem Grundsatz: die Wahrheit in den Tatsachen suchen, nicht mit ideologischen Maßstäben.« Er referierte darüber, was die Jugendliga dazu beitrug: 230 Schlüsselprojekte lagen in ihrer Verantwortung, darunter der Bau eines Wasserkraftwerks bei Peking. Junge Arbeiter und Angestellte, die sich mit besonderen Leistungen hervortaten, wurden als »Schrittmacher des Neuen Langen Marsches« bezeichnet, anspielend auf den von Mao geführten Langen Marsch während des Bürgerkriegs – doch kam die Macht nun nicht mehr nur aus den Gewehrläufen. Zu den »Schrittmachern« gehörten die Schneiderin, die eine modische Kollektion entwarf, und der Schüler, der jemanden vor dem Ertrinken rettete. Vor allem waren es junge Arbeiter, die in ihren Betrieben neue Maschinen erfanden oder Vorschläge zur besseren Organisation der Produktion entwickelten. »Wir müssen effektiver arbeiten«, meinte Li Keqiang damals kritisch.

»Deshalb reformieren wir das System der Leitung und Planung der Wirtschaft.«

Das bedeutete weniger Plan und mehr Markt, wie es in den folgenden Jahren verwirklicht wurde. Auch heute glänzt Li Keqiang als Vordenker. »Wir stehen an einem historischen Wendepunkt«, erklärte er auf dem Weltwirtschaftsforum in Davos 2010. »Wir müssen den alten Weg des ineffektiven Wachstums verlassen und das gegenwärtige Entwicklungsmodell ändern, das exzessiv auf Investitionen und Exporten beruht.«

Das Unternehmensgelände im Norden Pekings, ein Park mit modernen Bauten und Teichen, erinnert an die Zentralen von Google und Microsoft. Besucher werden in einen Showroom geführt und staunen darin über Spezialeffekte. So öffnet sich eine Tür automatisch, wenn man ein zum Flugzeug gefaltetes Papier in ein Loch wirft. Das eigentlich Erstaunliche in diesem Showroom aber sind nicht solche digitalen Tricks. Wichtigstes Ausstellungsstück ist vielmehr die bröckelige Fassade eines jahrzehntealten Pekinger Hauses, die hierher verfrachtet wurde. Sie stammt von einer Baracke, in der Chinas Akademie der Wissenschaften ab 1984 elf Ingenieure an Computern tüfteln ließ. Der Staat gewährte ihnen als Startkapital 25 000 Dollar, das sollte reichen. Sie wurden als Firma unter dem Namen Legend registriert, in der Volksrepublik acht Jahre nach Mao eine Revolution. Ansonsten waren sie aber eher eine Variante von Bill Gates' Garage für Arme. Umso mehr freuten sie sich, als sie nach einigen Jahren IBM-Computer in China verkaufen und warten durften.

Die Zeiten haben sich geändert. Im Jahr 2005 kaufte Lenovo, wie die Firma mittlerweile heißt, für 1,75 Milliarden Dollar die PC-Sparte von IBM – also von dem amerikanischen Unternehmen, das in der Computerentwicklung von Anfang an führend war und 1975 den ersten tragbaren Computer hergestellt hatte. Heute ist Lenovo der zweitgrößte Hersteller von Personalcomputern weltweit. 2011 übernahm das chinesische Unternehmen die deutsche Medion AG, die unter anderem Aldi mit elektronischen Konsumartikeln beliefert.

Ein Werbeslogan Lenovos behauptet, diese Computer seien »made in the world«. Im gewissen Sinne ist das wahr: Es gibt keine Unternehmenszentrale, sondern gleich mehrere Hauptsitze: in Peking und im US-Bundesstaat North Carolina, in Paris und in Singapur. Entwicklungszentren arbeiten in Shanghai und in Yamato, Japan. Der Vorstandsvorsitzende ist Chinese, lebt aber in den USA, der Präsident ist Amerikaner und wohnt in Singapur. Als erster chinesischer Konzern war Lenovo 2008 weltweit Sponsor von Olympischen Spielen, auf Augenhöhe mit Coca-Cola, McDonald's und Adidas. Die Spiele in Peking wurden mit mehr als 12 000 Lenovo-Computern gesteuert und auf ebenso vielen Lenovo-Großbildschirmen übertragen. 600 Ingenieure und Techniker des Unternehmens arbeiteten Vollzeit für die Spiele. 15 Olympiateilnehmer wurden von Lenovo gesponsert, darunter der chinesische Leichtathletiksuperstar Liu Xiang, der dann wegen einer Verletzung ausschied, und die deutschen Schwimmer Markus und Steffen Deibler.

Lenovo-Designer entwarfen auch die olympische Fackel für 2008. Sie mussten sich damit in einem Wettbewerb gegen 388 andere Modelle durchsetzen. Die bildhübsche Chil Loong, damals 29 Jahre alt, gehörte zu den Chefs des 30-köpfigen Teams. Sie gab einen Einblick in den zehn Monate langen künstlerischen Prozess und in die schöpferischen Debatten, die manchmal spätnachts in Pekinger Bars weitergeführt wurden: »Wir gestalteten auch einen Phönix, der zum Olympiastadion Vogelnest fliegt und dort wiedergeboren wird«, erzählte sie lächelnd. »Doch dann kamen wir auf die jetzige Form, die an ein zusammengerolltes Papier erinnert. Schließlich gehört das Papier zu den wichtigsten Erfindungen, die China zur Weltkultur beigetragen hat.« Auch darüber, welche Grafiken auf der Fackel zu sehen sein werden, dachten die Designer lange nach. »Zuerst fiel uns natürlich der Drache als Symbol Chinas ein. Doch dann verwarfen wir ihn, denn er war traditionell ein Zeichen der Kaiser – Olympia aber soll für alle da sein. Schließlich entschieden wir uns für Wolken, denn die gibt es überall auf der Welt.«

Chil Loong steht selbst für dieses Weltläufige. Sie ist Neuseeländerin, wurde aber in Chinas Provinz Guangdong geboren. Ihre Eltern wanderten aus, als sie fünf Jahre alt war. 2005 kam sie dann nach China zurück, um für Lenovo zu arbeiten. Was empfand sie, als Gegner der chinesischen Tibet-Politik vor den Olympischen Spielen den Fackellauf in Paris und London störten? »Das macht mich traurig«, sagte sie, »doch es überwiegt die Freude darüber, dass die Fackel, die wir entworfen haben, fast überall sonst auf der Welt mit Begeisterung aufgenommen wurde.« Man nahm ihr ab, dass sie es ehrlich meinte.

Von der Werkbank der Welt zur Bank der Welt

»Was ist ein Dietrich gegen eine Aktie? Was ist ein Einbruch in eine Bank gegen die Gründung einer Bank?«, dichtete der Kommunist Bertolt Brecht. Nach dieser Maßgabe müsste das von Kommunisten regierte China in der internationalen Verbrechensskala ganz oben stehen. Kaum vorstellbare 3200 Milliarden US-Dollar hortet Chinas Zentralbank in ihren Pekinger Tresoren – so viel wie Deutschland im Jahr erwirtschaftet. Kein anderes Land der Welt bunkert Devisenreserven in dieser Höhe. Allein von Juni 2010 bis Juni 2011 wuchs der Schatz der Chinesen um 30 Prozent. Im gleichen Zeitraum stiegen die chinesischen Exporte ebenfalls um 30 Prozent. China produziert 80 Prozent des Kinderspielzeugs auf diesem Planeten, 60 Prozent der Fahrräder, mehr als die Hälfte der Kameras und ein Viertel der Kühlschränke. Mit den ausgeführten Waren häuften sich die Währungsreserven. Die Werkbank der Welt wurde zur Bank der Welt.

Größter Schuldner der Volksbank, wie die chinesische Zentralbank sich nennt, sind ausgerechnet die USA, denn die Pekinger State Administration of Foreign Exchange (SAFE), die der Volksbank untersteht, investierte in den letzten Jahren vor allem in amerikanische Staatsanleihen. Dollars machen zwei Drittel von Chinas Reserven aus, ein kleinerer Teil sind in Euro, japanischen Yen und Gold angelegt. Damit finanziert China den Konsumrausch der Amerikaner – von dem es selbst profitiert, da die US-Bürger Computer, Kleider und Spielwaren kaufen, die in der Volksrepublik hergestellt werden. »China und die USA stehen in einer gegenseitigen Abhängigkeit wie Dealer und Junkie«, sagt Jim O'Neill, Vorsitzender der Aktienverwaltung und langjähriger Chefökonom der US-Bank Goldman Sachs. »Wissen Sie, wie ein chinesischer Yuan aussieht?«, spottet O'Neill gern. »Falls nicht, sollten Sie es herausfinden, denn es gibt eine gute Chance, dass Sie bald welche benötigen.«

Brasilien hat vorgeschlagen, seine Handelsgeschäfte mit China nicht mehr in Dollar abzurechnen, sondern in chinesischen Renminbi, wörtlich »Volksgeld«, deren Einheiten Yuan heißen. Auch Wladimir Putin fordert eine größere Rolle des Yuan. Geld bedeutet Macht. Würde Peking seine Dollars auf den Markt werfen, dürfte der Kurs der amerikanischen Währung ins Bodenlose stürzen. Es ist zwar unwahrscheinlich, dass die Chinesen das in großem Maße tun, da damit ihre eigenen Dollar-Anlagen an Wert verlieren würden. Aber wird noch rational entschieden, wenn es etwa zu einem gewaltsamen Konflikt um Taiwan kommt?

Man kann es aber auch positiv sehen: Da China und die USA voneinander abhängig sind, werden sie sich nicht gegenseitig zerstören. Immerhin verkörpern die USA noch eine Weltmacht. Griechenland hingegen kann das seit über 2000 Jahren nicht mehr von sich behaupten, die Hellenen sind heute pleite. Das Land veranstaltet Roadshows in China, um für den Verkauf von Papieren im Wert von 25 Milliarden Euro zu werben. Der chinesische Ministerpräsident Wen Jiabao hat seinem damaligen griechischen Amtskollegen Giorgos Papandreou Unterstützung zugesagt: »Wenn Europa Schwierigkeiten hat, strecken wir die helfende Hand aus.«

Dabei scheint am Mittelmeer zu gelten, was man auch in Afrika beobachtet: Während sich die Europäer mit ihrer Hilfe schwertun, handelt China vor allem zum eigenen Vorteil – und nutzt damit der Wirtschaft in den anderen Ländern vielleicht mehr. Die chinesische Staatsreederei Cosco hat große Teile des Hafens von Piräus gepachtet, modernisiert ihn und will die Hafenstadt in ein »Singapur des Mittelmeers« verwandeln. Die Gewerkschaften waren allerdings nicht begeistert, denn die chinesischen Manager wollten die bisherigen Tarifverträge nicht anerkennen. Im Sommer 2010 streikten die Hafenarbeiter deshalb gegen die neuen Herren aus Fernost. Doch das wird deren Vormarsch nach Europa kaum stoppen. Auch die Regierungen Italiens, Portugals und Spaniens hoffen in der Euro-Krise auf China. Die Volksrepublik kann helfen – und sie hilft gern. Sie hat bereits Südkorea, Argentinien, Malaysia, Weißrussland und Indonesien mit Währungssicherungsabkommen unter die Arme gegriffen. Auch in Afrika investiert das Reich der Mitte Milliarden, kauft dort vor allem jede Menge Rohstoffe. Die dortigen Länder dankten es, indem sie etwa Pekings Position beim Klimagipfel in Kopenhagen unterstützten. Von den Europäern möchte China im Gegenzug für die Hilfe als Marktwirtschaft anerkannt werden. Mit diesem Status würden Handelsschranken für chinesische Produkte fallen.

Die amerikanischen Dollars hingegen kauft China weniger aus Machtstreben als aus einem wirtschaftlichen Grund – um den Kurs des Yuan niedrig zu halten. Damit stützt es die heimischen Exportfabriken, deren Waren dadurch billig bleiben. Doch langfristig könnte diese Währungsmanipulation China auch schaden. Im 15. Stock der Akademie für Sozialwissenschaften in Peking sitzt Yu Yongding. »Wir können uns doch nicht ewig von den USA als Billiglohnland ausbeuten lassen«, klagt er. Als Chefberater der Volksbank hatte Yu Yongding aus diesem Grund im Juli 2005 durchgesetzt, die direkte Anbindung des Yuan an den Dollar aufzuheben. Stattdessen schwankte er in einer festgelegten Bandbreite zu einem Korb aus mehreren Währungen, darunter dem Euro. Diese Aufwertung des Yuan wurde 2008 zurückgenommen. 2010 kündigte die Zentralbank dagegen wieder höhere Flexibilität an. Insgesamt gilt die chinesische Währung aber als zu niedrig bewertet.

Und das ist nicht das einzige Problem. So paradox es klingt: Auch China steckt in der Schuldenfalle – zwar nicht auf der zentralen Ebene, aber auf der regionalen. Besonders aufgrund der Konjunkturprogramme während der Finanzkrise haben Chinas Städte und Provinzen Schulden von umgerechnet bis zu 2200 Milliarden Dollar angehäuft, so wird geschätzt. Sie drohen deshalb wie die USA und Europa in eine Krise zu geraten. Jeder vierte Kredit soll faul sein, und so warnt die chinesische Zentralbank: »Das potenzielle Schuldenproblem der Lokalregierungen darf nicht ignoriert werden.« Die Provinzpolitiker hoffen, im Notfall werde ihnen Chinas Zentralregierung mit ihren gewaltigen Devisenreserven aushelfen.

Sowohl der niedrige Kurs des Yuan als auch Chinas gewaltige Konjunkturprogramme führen zu gefährlichen Überhitzungen. So stiegen die chinesischen Aktienkurse 2009 um mehr als 70 Prozent, die Immobilienpreise um 10 Prozent – allerdings nicht im Jahr, sondern im Monat. Ob Auto- oder Stahlindustrie, Halbleiter- oder Zementproduktion – überall leidet China unter Überkapazitäten. In Peking und Shanghai entstehen täglich neue Hochhäuser, doch viele der Büros und Apartments bleiben leer.

Sollte die Blase platzen, träfe es die gesamte Welt. Deshalb hoffen westliche Wirtschaftsfachleute auf Zhou Xiaochuan, den Direktor der Volksbank, der als Kämpfer gegen die Korruption gilt. Seine Frau Li Ling, Abteilungsleiterin im Handelsministerium, führte die Verhandlungen mit den USA. Die Zeitschrift *Forbes* bezeichnete Zhou und Li als »das chinesische

Power-Paar, vor dem sich Obamas Regierung in Acht nehmen muss, wenn die USA versuchen, ihre Position in der weltweiten Hackordnung zu verteidigen«.

Bei allen Risiken für die Wirtschaft der Volksrepublik – gegenüber den Amerikanern haben die Chinesen einen großen Vorteil: Sie führen keinen Krieg.

Afghanistan – Grab zweier Supermächte, Geburtsstätte der neuen

11. September 2001, Dinner in einem Shanghaier Restaurant: Durch einen Anruf erfuhren wir, dass gerade ein Flugzeug ins World Trade Center geflogen war. »In New York oder in Peking?«, fragte einer der Anwesenden schockiert, ein deutscher Anwalt, der eine Kanzlei nahe dem World Trade Center in Peking eröffnet hatte. Die Antwort, es handele sich wohl um New York, beruhigte den Juristen nicht: »Das kann überhaupt nicht sein. Dort herrscht Flugverbot.« Kurz darauf krachte das zweite Flugzeug in den zweiten Turm – ein Anschlag, wie ihn die Welt noch nicht gesehen hatte, live im Fernsehen. Die Globalisierung des Terrors.

»Der 11. September war in vielerlei Hinsicht eine Falle«, sagt der ehemalige CIA-Mann Bruce Riedel zehn Jahre später; als Nahostexperte hat er drei US-Präsidenten beraten, darunter George W. Bush. »Es war der Versuch, die USA zu einer Invasion Afghanistans zu verleiten. Al-Qaida wollte mit den Amerikanern das tun, was ihrer Ansicht nach die Mudschaheddin in den 80er-Jahren der Sowjetunion zugefügt hatten: sie ausbluten, niederringen, ihren Willen brechen.« Der Krieg in Afghanistan hatte die Sowjetunion ruiniert, wirtschaftlich und moralisch. Fast auf den Tag genau zwölf Jahre nach dem Beginn der Invasion hatte die Sowjetunion zu existieren aufgehört.

Die USA tappten in die Falle, die Osama bin Laden ihnen gestellt hatte. Auch sie marschierten mit ihren Verbündeten, darunter Deutschland, in Afghanistan ein, weil das Land die Terroristen des Anschlags vom 11. September beherbergt hatte. In Guantanamo fesselten und folterten US-Geheimdienstler Gefangene, setzten sie dem brutalen Waterboarding aus, dem simulierten Ertränken – Terrorismusbekämpfung mit terrorismusähnlichen Methoden, eine moralische Falle. Als Folge wuchs der Hass auf die Amerikaner weltweit, besonders in den vom Islam geprägten Ländern.

Und dann bereiteten die USA obendrein den Krieg gegen den Irak vor, obwohl sein Diktator Saddam Hussein mit den Terrorangriffen nichts zu tun hatte. »Al-Qaida hatte 2002 und 2003 sehr genau beobachtet, dass die Bush-Regierung immer weniger von al-Qaida redete und immer mehr vom Irak«, berichtet Bruce Riedel. »Al-Qaida wusste, wohin wir unterwegs waren, und kam vor uns dort an.« Das war die nächste Falle, in die Bin Laden die Amerikaner gelockt hatte. Sein irakischer Statthalter al-Zarqawi hatte genug Zeit, ein Terrornetzwerk aufzubauen. Nach Saddams Sturz hatte der irakische al-Qaida-Führer freie Hand – und reichlich Verbündete aus dem Lager des früheren Diktators. Es begann ein blutiger Aufstand. Und manche, die für den Krieg gewesen waren, wussten es plötzlich besser. »Wir hätten nie in die Situation der Besatzer kommen dürfen, weder in Afghanistan noch im Irak«, meint Richard Perle heute, seinerzeit Chefberater des US-Verteidigungsministeriums, als die Kriege begannen. »Das war der entscheidende Fehler, aus dem alle anderen Fehler resultierten. Saddam hätte wohl gesagt: Es war die Mutter aller Fehler.«

Wieder war es wie in jedem Guerillakrieg, denn auch im Kampf gegen den Terror bestimmte der heimtückische Gegner die Spielregeln. Wieder legten die Amerikaner ihren Kopf in die Schlinge – die moralische Schlinge in einem unmoralischen Krieg. Der Krieg war bereits verloren, als er gerade erst begonnen hatte. Präsident Bush erklärte den Sieg – »Mission Accomplished« – im Mai 2003, unmittelbar danach begann im Irak der Aufstand; und die Vereinigten Staaten verhörten wieder Internierte, die Gefangenen. Es war das alte Spiel – wie zuvor in Afghanistan. Mutmaßliche Terroristen und manche, die lediglich zur falschen Zeit am falschen Ort waren, wurden eingesammelt und weggesperrt, diesmal in Saddams berüchtigtem Gefängnis Abu Ghraib. Dort herrschte ein alltägliches Programm der Quälerei: eine Stunde schlafen, drei Stunden wach sein, eine halbe Stunde auf Knien, eine halbe Stunde sitzen, dann wieder eine Stunde stehen; sich nackt ausziehen, durch Hunde geängstigt werden und sexuelle Erniedrigung – all das bestimmte den Standard. Nur das Fotografieren stand nicht auf dem Plan: US-Soldaten hatten Spaß an der Quälerei und knipsten, anschließend gingen ihre Bilder um die Welt. Militärisch mochten die Vereinigten Staaten einen Sieg errungen haben, doch durch die Fotos aus Abu Ghraib verloren sie ihre moralische Integrität.

5. November 2008, *Breaking News* auf CNN: »Der 44. Präsident der Vereinigten Staaten von Amerika heißt – Barack Obama.« Die ganze Welt jubelte ihm zu wie wohl noch keinem US-Präsidenten zuvor. Von nun an sollte der Krieg anständig geführt und am besten zu Ende gebracht werden. Doch es ist schwer, aus einer Falle wieder herauszukommen. Nach wie bevor befindet sich eine hochgerüstete Armee in einem falschen Krieg. Mehr als zehn Jahre nach dem 11. September steckt sie noch immer in der Falle, ein Abzug scheint unmöglich – und das Bleiben auch.

»Dies ist ihr Land, ihre Kultur, deshalb sind wir hier«, sagt ein amerikanischer Soldat beim Einsatz am Hindukusch. »Wir gehen mit den Afghanen auf Patrouille und auch in Feuergefechte. So baust du dir eine Beziehung auf, und sie vertrauen dir.« Hoffnung auf einer Sandbank beim Picknick in Afghanistan. Hoffnung, den Kopf irgendwann aus der Schlinge herausziehen zu können, die man sich hat umlegen lassen. Wer auf Rache sinnt, so heißt es, muss zwei Gräber ausheben. Mindestens. Dieser Spruch wird oft Konfuzius zugeschrieben, wahrscheinlich zu Unrecht, auch wenn er seiner Weisheit entspricht.

Der Krieg in Afghanistan hatte die Sowjetunion finanziell überfordert – und den USA geht es mit ihren Feldzügen in Afghanistan und im Irak genauso. Obama, als Weltenretter angetreten, ist zum Konkursverwalter geworden. Die Amerikaner lebten auch in anderen Bereichen über ihre Verhältnisse, die unproduktiven Kriegsausgaben haben sie dann vollends ruiniert.

Währenddessen wuchs Chinas Wirtschaft jedes Jahr um 10 Prozent – und damit die politische Macht des Reichs der Mitte. Nachdem sich Obama und der Kongress am 31. Juli 2011 in letzter Minute über den US-Haushalt geeinigt hatten und damit nur knapp an der Zahlungsunfähigkeit vorbeigeschlittert waren, stufte die Ratingagentur Standard & Poor's die US-Bonität herab. Chinas offizielle Nachrichtenagentur Xinhua reagierte scharf: »Amerika muss für seine Schuldensucht und das kurzsichtige politische Gezerre bezahlen.« Als größter Gläubiger Amerikas habe China das Recht, zu verlangen, dass die USA ihre Schuldenprobleme in den Griff bekommen. Die »riesigen Militärausgaben und aufgeblähten Sozialausgaben« müssten sofort eingedämmt werden. Einige Monate zuvor hatte US-Außenministerin Hillary Clinton mit Blick auf China noch erklärt, für ihr Land sei es schwer, Forderungen an den eigenen Gläubiger zu stellen: »Wie redest du Klartext mit deinem Banker?« Nun ist der Machtkampf der Supermächte eine Runde weiter: China sagt den Amerikanern, was sie tun sollen.

Chinas Aufstieg versetzt viele in Angst: Stellt die neue Großmacht zukünftig eine militärische Bedrohung für andere dar? »Was wird Chinas Entwicklung für den Rest der Welt bringen?«, fragt denn auch Chinas Staatsrat im September 2011 – und antwortet sich selbst und vor allem dem besorgten Ausland in einem 32-seitigen Weißbuch. Sein Titel verrät die Tendenz: »Chinas friedliche Entwicklung«. Ein Kernsatz lautet: »Das zentrale Ziel von Chinas Diplomatie ist, eine friedliche und stabile internationale Umgebung für seine Entwicklung zu schaffen. China strebt danach, seinen gebührenden Beitrag zu Weltfrieden und -entwicklung zu leisten. Es wird niemals Urheber von Aggression oder Expansion sein, niemals nach Vorherrschaft suchen. China bleibt eine entschiedene Kraft für den Erhalt von Frieden und Stabilität in der Welt.«

Das offizielle chinesische Papier ist gespickt mit Konfuzius-Sprüchen. »*Was du selbst nicht wünschst, das tue auch anderen nicht an*«, wird der Philosoph darin zitiert, dieser Grundsatz müsse auch in den internationalen Beziehungen gelten. »Seit dem Altertum hielt die chinesische Kultur die Welt für eine harmonische«, erklärt der Staatsrat. »Diese Überzeugung hat einen bleibenden Einfluss auf das Denken und Handeln der chinesischen Nation. Die Harmonie ist ein wichtiger Wert, dem die Chinesen in persönlichen Beziehungen folgen, in Beziehungen zwischen Mensch und Natur und in Beziehungen zwischen verschiedenen Ländern.« Anspielend auf die Versuche der USA, ihr Modell von Demokratie weltweit zu verbreiten, zitiert das Weißbuch ein weiteres Mal Konfuzius: »*Der Edle strebt nach Harmonie nicht auf Kosten der Vielfalt. Nur der niedere Mensch versteht Harmonie als Uniformität.*«

David Li ist Direktor des Zentrums für China in der Weltwirtschaft an der renommierten Pekinger Tsinghua-Universität.

Als Abgeordneter im Nationalen Volkskongress unterstützt er die Politik seiner Regierung. Doch er hat in Harvard promoviert und ist mit den Positionen des Westens gut vertraut. Auch er sagte: »Auf keinen Fall möchte China die Welt beherrschen. Es gibt nur ein beherrschendes Land auf der Welt: Das sind die USA. Es ist nicht der Traum, nicht der Anspruch Chinas und entspricht auch nicht seinem Leistungsvermögen, dem Erfolg der USA mit ihrer internationalen Vorherrschaft nachzueifern. Es liegt einfach nicht in den Genen unserer konfuzianischen Tradition.«

Li sprach im Juni 2011 bei der Munk-Debatte im kanadischen Toronto zum Thema »Gehört das 21. Jahrhundert China?«, an der auch der ehemalige US-Außenminister Henry Kissinger teilnahm. Li beantwortete die Frage mit Ja, versuchte aber, Ängste zu zerstreuen: »Vergessen Sie die letzten 500 Jahre westlicher Philosophie, westlicher Perspektive. Hören Sie auf, internationale Beziehungen mit den Begriffen ›Gewinner‹ und ›Verlierer‹ zu betrachten. Schauen Sie stattdessen durch die Linse der traditionellen chinesischen Philosophen, der Konfuzianer. Die Konfuzianer treten für eine harmonische Welt ein, in der die Einzelnen im Frieden mit der Außenwelt und miteinander leben und in der Länder gemeinsam daran arbeiten, internationale Konflikte zu lösen. Ich bitte Sie dringend, diese Perspektive zu bedenken, um die laufenden Veränderungen in der chinesischen Wirtschaft und Gesellschaft zu verstehen.« Und: »Chinas Traum war es nie, eine Dominanz in der Welt zu suchen wie die USA. Uns geht es vielmehr darum, wieder aufzuerstehen – wieder den Respekt, das Ansehen und die mit sich selbst zufriedene Natur der alten chinesischen Zivilisation zu erlangen, wie wir sie zum Beispiel während der Tang-Dynastie (618–907) hatten.«

Seinem eigenen Selbstverständnis nach ist China also eine friedliche Macht, die nach Harmonie in der Welt strebt. In Deutschland sehen das viele ganz anders – und verweisen dabei etwa auf die angebliche chinesische Besetzung Tibets. Die Fürsorge der Germanen für das ferne Bergvolk ging sogar so weit, dass einige deutsche Kleinstädte vor den Olympischen Spielen in Peking 2008 ihre Rathäuser mit Fahnen der Exiltibeter beflaggten. Die chinesische Bevölkerung wiederum, nicht nur ihre Regierung, sieht Tibet als Teil Chinas von alters her und empört sich über die ihrer Meinung nach unverschämte Einmischung in Chinas innere Angelegenheiten. Beide Seiten berufen sich auf historische Fakten – und legen sie in ihrem Sinn aus. 1240 eroberten die Mongolen unter Güyük Khan, einem Enkel Dschingis Khans, das »Dach der Welt«, wie Tibet aufgrund seiner Höhe von durchschnittlich 4500 Metern bis heute genannt wird. Seit die mongolische Herrschersippe 1271 zur chinesischen Yuan-Dynastie wurde, war Tibet ein Teil Chinas. Unterbrochen wurde dies durch die britische Kolonialisierung Tibets, was der chinesischen Führung ermöglicht, westliche Forderungen in Bezug auf Tibet als alten Imperialismus zu attackieren. Aber unter den chinesischen Kaisern konnten die Dalai Lamas weitgehend schalten und walten, wie sie wollten. Ganz anders unter Mao. Der ließ 1950 die Volksbefreiungsarmee in Tibet einmarschieren. Während der Kulturrevolution zerstörten die Roten Garden einen Großteil der buddhistischen Klöster, die erst wieder geöffnet wurden, als Deng Xiaoping seine Reformpolitik begann. Doch Anhänger des Dalai Lama werden weiter verfolgt.

Tibet ist ein Reizthema, in China wie im Westen. Vorsichtig ausgedrückt: Die im Ausland verbreitete Sicht ist mindestens so einseitig wie die chinesische, was besonders bei den Unruhen vom März 2008 in Tibet deutlich wurde. Nach einigen Tagen friedlicher Proteste zündeten aufgebrachte tibetische

Jugendliche in Lhasa chinesische Geschäfte und Restaurants an, verbrannten Ladenbesitzer bei lebendigem Leib, verfolgten Passantinnen auf der Straße und steinigten sie, weil sie Chinesinnen waren oder wie solche aussahen. Trotzdem herrschte bei vielen Menschen im Westen der Eindruck: *Die* Chinesen griffen *die* Tibeter an.

Woher rührte dieses Missverständnis? Ein Grund dafür ist die Idealisierung des Dalai Lama und der Tibeter. Nationale Minderheiten und Unabhängigkeitsbestrebungen gibt es nicht nur in China. Die UNO erkennt 193 Staaten an, auf der Erde leben aber 5000 Nationalitäten und ethnische Gruppen, von denen etwa 120 im Konflikt mit ihrer Regierung stehen, wie etwa in Europa die Kurden und die Basken. Ihren Organisationen, der PKK und der ETA, werden in Deutschland aber keine großen Sympathien entgegengebracht. Die Tibeter hingegen seien aufgrund ihrer Religion ausnahmslos sanfte und gewaltlose Menschen, glauben viele. Auch die brutalen Ausschreitungen schienen dieses Bild nicht zu erschüttern. Zu Recht wurde darauf verwiesen, dass Chinas Führung die Menschenrechte der Tibeter verletzt. Allerdings verletzt sie auch die Menschenrechte ihrer übrigen Bürger, vor allem der Han-Chinesen selbst, der mit einem Anteil von über 90 Prozent größten Volksgruppe in China. Weshalb also einfache Chinesen verprügeln und ermorden, die selbst Opfer dieser Politik sind? Weil die Chinesen Tibet »überfremden«, hieß es dann, ein Ausdruck, der gerechtfertigt verurteilt wird, wenn er etwa gegen Türken in Deutschland ausgesprochen wird. Die angeblich sanften Buddhisten griffen während der Unruhen auch Hui-Muslime an und zerstörten Moscheen.

Ein Dalai Lama ist nicht per se gut, wie ein Blick auf die Vorgänger des jetzigen zeigt. Sie regierten einen Gottesstaat mit 95 Prozent der Bevölkerung als Leibeigenen. Die meisten ihrer Untertanen durften weder lesen noch schreiben lernen. Das Paradies auf Erden herrschte dort keinesfalls, auch wenn nach manchen idealisierenden Darstellungen im Westen dieser Eindruck entsteht. Der derzeitige Dalai Lama hat auf seinen vielen Reisen durch die Welt das westliche Bild von Tibet in eine bestimmte Richtung gelenkt, wobei er vom »kulturellen Völkermord« der Chinesen an seinem Volk spricht.

Die chinesische Führung zwingt tibetische Mönche in einer sogenannten »patriotischen Erziehung«, sich vom Dalai Lama loszusagen. Das ist schlimm und dumm zugleich, weil solcherlei Nötigung nur zu Lippenbekenntnissen führt. Doch Völkermord ist es nicht. Diesen Ausdruck im vorliegenden Kontext zu verwenden verhöhnt die Opfer von tatsächlich organisiertem Massenmord wie diejenigen in den Gaskammern der Nazis. Auch hilft es der Sache des Dalai Lama kaum, dass er beansprucht, nicht nur für das derzeitige autonome Gebiet Tibet zu sprechen, sondern für ein Großtibet, das ein Viertel des chinesischen Territoriums ausmacht. Dieser Anspruch ist in etwa so realistisch wie der eines Indianerreservats, das ein Viertel der USA beherrschen will.

Die chinesische Führung kritisiert die einseitige Berichterstattung über Tibet in den westlichen Medien, trägt dabei selbst jedoch die Hauptschuld daran. Schließlich lässt sie die Pekinger Korrespondenten ausländischer Zeitungen und Fernsehanstalten nur in Ausnahmefällen und mit Aufpassern nach Tibet reisen, obwohl die meisten von ihnen dort ausgewogen und sachkundig berichten würden. Zu einem umfassenden Bild gehören die Erfolge beim Bau von Schulen und Krankenhäusern – aber auch die Tatsache, dass Tibeter in Gefängnissen und Straflagern verschwinden, nur weil in ihrem Haus ein Bild des Dalai Lama hängt.

Ein Drache schlingt sich um eine Säule. Teenager in Trainingsanzügen tragen Federn, die fast so groß sind wie sie selbst, andere Jugendliche trommeln. Eine Zeremonie im Konfuzius-

Tempel von Taipeh, der Hauptstadt von Taiwan, Chinas abtrünniger Provinz. Am Eingang des Tempels zünden Dutzende Bürger Räucherkerzen an. Ihre Mienen sind ernst, es fehlt das touristische Tohuwabohu, das an solchen Orten in der Volksrepublik China herrscht. Anders als dort wurde die konfuzianische Tradition in Taiwan nie unterbrochen. Und es ist eine neue Tradition hinzugekommen: die demokratische. Zwar herrschte auch Chiang Kai-shek, Maos Gegenspieler im Bürgerkrieg, wie ein Diktator, nachdem er 1949 mit seinen Anhängern auf die Insel geflohen war. Doch nach seinem Tod wurde Taiwan Schritt für Schritt liberalisiert und ist heute eine Demokratie – somit auch ein Beispiel dafür, dass sich Konfuzianismus, chinesische Besonderheiten und demokratischer Rechtsstaat nicht ausschließen.

Wahlkampf 2008: »Ihr seid Betrüger!«, schrie Bankdirektor Huang Jinchang die Rentnerin Chen Xiangmei, auf einem Gehweg unweit vom Präsidentenpalast, an. »Euer Präsident Chen Shui-bian ist schamlos!«, geiferte sie zurück. Immer mehr Menschen strömten zusammen, schlugen sich in dem Streit auf die eine oder andere Seite. Der Bankdirektor und seine Freunde trugen weiße T-Shirts mit der Aufschrift »Taiwan – mein Land« und unterstützten damit die Aktion ihres damals amtierenden Präsidenten Chen Shui-bian für einen Beitritt der Insel zur UNO unter dem Namen Taiwan. »Unser Land hat eine eigene Regierung, eine Armee und eigenes Geld, wir sind ein souveränes Land und eine Demokratie, wir wollen unsere Würde!«, rief eine Unabhängigkeitsverfechterin. Ein Gegner erwiderte: »Eure Unabhängigkeit wird von fast niemandem auf der Welt anerkannt, und die UNO wird uns nicht aufnehmen.« Aus Peking kommend, überraschte einen an dem Streit vor allem, dass er überhaupt stattfand. In der Volksrepublik China hätte die Polizei die Teilnehmer einer der beiden Gruppen festgenommen, wahrscheinlich beide.

Die Rentnerin und ihre Gesinnungsgenossen trugen rote Fahnen mit einer weißen Sonne auf blauem Grund im linken oberen Eck. Dies war die Flagge Chinas vor der kommunistischen Revolution 1949 – und ist bis heute die Flagge der Republik China, eines Landes, das kaum noch jemand unter diesem Namen kennt. Die meisten Menschen nennen die Insel mit 23 Millionen Einwohnern Taiwan. Das wollte der damalige Präsident Chen Shui-bian zum Staatsnamen machen.

Und da kam er auch schon angerannt, ebenfalls in weißem T-Shirt und Turnhose, mit dem Dauerlächeln, das zu seinem Markenzeichen geworden war, und mit einer Fackel in der Hand. Nein, kein Doppelgänger oder Maskenträger, sondern der Präsident persönlich. Mit Fackel für den UNO-Beitritt zu demonstrieren war eine Provokation gegen die Pekinger Führung. Diese wollte das olympische Feuer durch Taiwan tragen lassen, allerdings unter der Bedingung, dass auf dem Weg weder taiwanesische Fahnen zu sehen sein sollten noch die taiwanesische Hymne gespielt würde. Taiwans damalige Regierung gab Peking einen Korb.

Auch die Gegenpartei demonstrierte an diesem Tag sportlich: Ma Ying-jeou, Spitzenkandidat der Nationalpartei Guomindang, radelte mit seinen Anhängern. Er ist für die Einheit Chinas, weshalb Pekings Führung ihn vorzieht. Unter kommunistischem Vorzeichen möchte aber auch er nicht vereinigt werden – aus gutem Grund: Im Bürgerkrieg metzelten Kommunisten die Guomindang nieder, weshalb ihre Aktivisten nach Taiwan flohen und so eines der heutigen Dilemmas der Insel schufen – den Widerspruch zwischen den ursprünglichen Einwohnern mit einer eigenen Identität, zu denen der ehemalige Präsident Chen Shui-bian gehört, und den Einwanderern, die sich als Chinesen verstehen.

»Chen Shui-bian hat uns Einwanderer Schweine genannt«, behauptete die Rentnerin Chen Xiangmei, klammerte sich an ihre Fahne und begann zu weinen. Der 85-jährige Liu Shanbin krempelte seinen Ärmel hoch und zeigte Wunden, die ihm die Japaner im Krieg gegen China zugefügt hatten. Jetzt lebte er von der Sozialhilfe und schlief auf einer Strohmatte im Bahnhof, da er keine Wohnung mehr bezahlen konnte. Er klagte: »Chen Shui-bian nutzt das Geld, das wir mit Blut und Schweiß erarbeitet haben, um kleine Länder zu beschenken, damit sie die Unabhängigkeit Taiwans unterstützen.«

Taiwan wird nur noch von 24 Staaten diplomatisch anerkannt, von denen Haiti und Vatikanstadt noch die bekanntesten sind. Nicht nur Alte und Ewiggestrige stehen hinter der Guomindang. Ausgerechnet die Kapitalisten wollen gute Beziehungen zum kommunistisch regierten China. Dort stehen die Fabriken der taiwanesischen Unternehmen – mehr als 200 Milliarden US-Dollar haben sie dort investiert. Fast die Hälfte der Exporte Taiwans geht auf das chinesische Festland. Davon profitieren nicht nur die Unternehmer, sondern auch die Arbeiter und Angestellten dieser Firmen. Auch Taiwans Popstars und Schlagersänger treten vor allem in der Volksrepublik auf, dem riesigen chinesischsprachigen Festland.

Ximending, die In-Zone der Hauptstadt Taipeh: Girls tragen Hotpants und hohe Stiefel. In den Restaurants isst man Sushi oder japanisches Grillfleisch. Die Läden verkaufen Süßigkeiten in Kondomform und Kugelschreiber, aus denen das Stöhnen und Schreien einer Frau beim Orgasmus klingt. In der Fußgängerzone singen Musiker aus Bolivien, allein dagegen würde in der Volksrepublik schon die Polizei einschreiten. Doch die freiheitsliebenden Jugendlichen sind eher unpolitisch. Viele hatten sich noch nicht festgelegt für die Wahlen. Andere hielten den China-freundlichen Kandidaten Ma für einen Gentleman, Chen Shui-bian hingegen für einen Bauern. Mit ihrer Freundin flanierte die 24-jährige Büroangestellte Heidi Wu, die auch Deutsch spricht, und meinte: »Ich schere mich nicht um die Wahlen – und auch nicht um die Unabhängigkeit. Hauptsache, die Wirtschaft brummt!«

Der China-freundliche Ma Ying-jeou gewann die Wahlen 2008 mit 58 Prozent der Stimmen. Sein Vorgänger Chen Shui-bian sitzt mittlerweile wegen Korruption und Geldwäsche im Gefängnis. Die Vorwürfe gegen ihn werden auch von vielen seiner ehemaligen Mitstreiter erhoben. Aus seiner eigenen Partei trat er aus, um einem Ausschluss zuvorzukommen. Nirgendwo im chinesischen Raum geht es so rechtsstaatlich zu wie in Taiwan.

2005 hatte der chinesische Volkskongress noch ein »Antisezessionsgesetz« verabschiedet, das Taiwan mit Krieg drohte, falls es sich offiziell für unabhängig erklärt. Davon spricht im Moment keiner mehr. Stattdessen wurden 2008 mit Trommeln und Drachentänzen direkte Flugverbindungen zwischen Peking und Taipeh eingeweiht – bis dahin hatten Reisende vom einen in den anderen Teil Chinas den Umweg über Hongkong oder Japan nehmen müssen. Doch weiterhin zielen 1000 Raketen der Volksrepublik auf die »Brüder und Schwestern« für den Fall, dass sie doch ungehorsam sein sollten. Ein Konflikt könnte die ganze Welt in Brand setzen. Denn die USA liefern Flugabwehrraketen und Militärhubschrauber an die Insel und haben sich 1979 im Taiwan Relations Act gesetzlich dazu verpflichtet, Taiwan bei einem Angriff beizustehen.

Wie verträgt sich das Säbelrasseln mit dem Wunsch nach einer harmonischen Welt im Sinne von Konfuzius? Aus Sicht der chinesischen Führung besteht hier kein Widerspruch. Sie bedrohe andere nicht, mische sich nicht wie die USA in fernen Ländern wie Irak und Afghanistan ein, sondern wolle ausschließlich die Einheit Chinas erhalten und seine Grenzen sichern. Aber die Grenzen aus welchem Jahrhundert? Das ist ein weites Feld, denn wie in Europa haben sich auch in Asien die Grenzen oft geändert. Während Chinas hohe Politiker meist gemäßigte Töne anschlagen, polterte General Liu Yuan, Politkommissar der Logistiktruppen, im Jahr 2011: »Wo würde die große Einheit ohne Krieg herkommen? Wie kann die Fusion der Nation, der Rasse, der Kultur, des Südens und des Nordens ohne Gewalt erreicht werden?«

Im August 2011 stach der erste Flugzeugträger der Volksrepublik in See, die USA aber haben elf davon. Der Militäretat Chinas wächst schnell. 2011 stieg er um 17 Prozent auf umgerechnet 91,5 Milliarden US-Dollar. Westliche Experten vermuten sogar doppelt so hohe Rüstungsausgaben, vieles sei in anderen Posten des Staatshaushalts versteckt. Doch selbst wenn diese Einschätzung zutrifft, sind die Aufwendungen im Vergleich zum Rüstungsetat der USA von fast 700 Milliarden Dollar im selben Jahr wenig.

Den Westen bedroht die Volksbefreiungsarmee also tatsächlich nicht. Das sollte aber nicht dazu verleiten, den zukünftigen Einfluss Chinas zu unterschätzen. Bei der Munk-Debatte in Toronto zog Niall Ferguson, Professor für Wirtschaftsgeschichte in Harvard und Autor von Bestsellern wie *Civilization – The West and the Rest*, einen Vergleich: »Hätte vor hundert Jahren jemand gesagt, das 20. Jahrhundert würde den USA gehören, wäre das für absurd erklärt worden. Engländer hätten eingewandt: ›Diese Yankees mit ihren lächerlich kleinen Streitkräften! Gut, sie haben eine große Wirtschaft, aber schaut auf all ihre sozialen Probleme. Schaut auf das Elend und die Armut in ihren Städten.‹ Es hätte damals viele Argumente dafür gegeben, dass die USA ins Stocken geraten werden.« Genauso, meinte Ferguson, ist es mit China heute.

Seine Nachbarn jedenfalls sind besorgt. Im Weißbuch des chinesischen Staatsrats heißt es: »China hat Landgrenzen von 22 000 Kilometern und eine Küstenlinie von 18 000 Kilometern. China sieht sich mannigfachen traditionellen und nicht traditionellen Sicherheitsrisiken gegenüber und der Gefahr durch Separatisten und Terroristen.« Was den wachsenden Militärhaushalt entschuldigen soll, klingt für andere wie eine Drohung, sind viele Abschnitte der langen Grenzlinie doch umstritten. 1962 kämpften Chinesen und Inder deshalb gegeneinander; 1979 schockierte die Volksrepublik viele Altlinke, als sie – nach dem Ende der amerikanischen Invasion – Vietnam überfiel. Immer wieder streiten sich China und Japan um die Diaoyu-Inseln im Ostchinesischen Meer. China und andere Anrainerstaaten wie Vietnam und die Philippinen erheben Anspruch auf die Paracel- und Spratly-Inseln im Südchinesischen Meer. Scheinbar geht es dabei nur um nationale Würde, denn die meisten dieser Inseln bestehen aus kahlen Felsen, die von Schildkröten bewohnt werden. Doch die Lage kann explodieren: Chinesische Geologen vermuten auf dem Meeresgrund dort 25 Milliarden Kubikmeter Gas und fast 200 Milliarden Barrel Öl – was knapp einem Drittel des weltweit bisher geförderten Öls gleichkäme.

Afrika fest in chinesischer Hand

Eine rote Chilibrühe dampft. Händlerinnen preisen Innereien vom Schwein an, die in durchsichtigen Plastikbeuteln verpackt sind. Die Frauen hinter dem Imbissstand kommen aus der chinesischen Provinz Sichuan, insofern ist ihr Angebot nicht ungewöhnlich, doch schwarzafrikanische Jungs bestaunen die fremden Speisen. Die wenigen Einheimischen stechen hervor aus der Masse von chinesischen Bauarbeitern, die hier eine Stärkung kaufen. Wir sind nicht in Asien, sondern in Angola.

»300 000 Chinesen arbeiten hier«, sagt einer der Bauarbeiter. »Quatsch«, widerspricht ein anderer, »wir sind bereits eine halbe Million.« Offizielle Vertreter der Botschaft Chinas geben niedrigere Zahlen an, wollen keine Angst vor einer chinesischen Übermacht aufkommen lassen.

Aber sicher ist: In diesem südwestafrikanischen Land, das selbst nur 18 Millionen Einwohner zählt, befinden sich Zehntausende, wahrscheinlich Hunderttausende Chinesen. In anderen Regionen des schwarzen Kontinents sieht es genauso aus. Immer geht es dabei um Rohstoffe – in Angola vor allem um Öl. Innerhalb von fünf Jahren hat sich die Ölproduktion hier verdoppelt. Das Blut der Erde fließt aus dem Meeresboden, Tanker bringen es aus dem Hafen der Hauptstadt Luanda in alle Welt – zu 40 Prozent ins Boomreich China.

Hinter dem Hafen wühlen Kinder im Müll, reißen Drähte aus weggeworfenen Radios und PCs, um sie weiterzuverkaufen. Die Wellblechdächer auf den Behausungen der Favelas sind mit Steinen beschwert, Wasser bekommen ihre Bewohner nur an öffentlichen Wasserstellen. Noch leben die meisten Angolaner in Armut, doch eine wachsende Oberschicht profitiert von dem schwarzen Goldrausch. Auf Plakaten werben Models für das Banking per SMS, und nur wenige Kilometer von den Müllhaufen entfernt drehen sich die Kräne. Für Afrikas Neureiche stampfen Chinesen Wolkenkratzer aus dem Boden.

»Kein anderes Land hat in Angola so viele Baustellen wie China, nicht einmal Brasilien und Portugal, die immerhin die gleiche Sprache sprechen«, sagt der angolanische Politologe Orlando Ferraz, der in Bonn und Köln studiert hat. »Öl spielt dabei eine wichtige Rolle, denn die großen Kredite, die uns China gibt, werden durch Öllieferungen abgesichert. Deshalb haben die Chinesen hier so viele Baustellen bekommen.«

Sie errichten nicht nur Bürobauten und Villen, sondern auch Apartmenthochhäuser für den Mittelstand. Neue Wohnungen in grün und gelb getünchten Hochhäusern warten auf ihre Besitzer. Die Gebäude liegen nahe dem Fußballstadion des 11. November, das nach dem Tag der Unabhängigkeit von Portugal 1975 benannt ist. Es ist ebenfalls made by China, wurde von der Shanghai Urban Construction Group erbaut.

Alles beruht auf dem gleichen Deal: China hat Angola zinsgünstige Kredite in Höhe von 15 Milliarden Dollar gegeben, die Angola mit Öl abbezahlt. Der Kampf ums Öl wird mit Bagger und Schaufel geführt – statt Geld bekommen die Afrikaner Gebäude, gebaut von Chinesen. Die wissen schließlich, wie das geht, haben sie in ihrem eigenen Wirtschaftsaufschwung doch reichlich Erfahrung gesammelt. Vor den neuen Hochhäusern beim Stadion planieren die Chinesen noch Wege und legen Gärten an. Angolaner arbeiten auch mit, wenngleich sie in der

Minderzahl sind. Man kann beobachten, wie sie von Chinesen herumkommandiert werden – hier hat die neue Weltmacht das Sagen. »Sehr viele von uns Chinesen arbeiten jetzt hier«, sagt einer der Arbeiter, der sich als Li vorstellt. Er kommt aus einem Dorf nahe der ehemaligen deutschen Kolonie Qingdao und hat einen Vertrag für anderthalb Jahre Angola unterschrieben. »China und Angola sind Geschäftspartner. Die Regierung hat uns entsandt, wir haben ein großes Kooperationsprogramm.«

Auf dem schwarzen Kontinent gründen die Chinesen provisorische Siedlungen, so auch neben den neuen Apartmentgebäuden. Die rote chinesische Fahne weht neben derjenigen von Angola. Gleich ist beiden Flaggen der fünfzackige gelbe Stern, auf der angolanischen kreuzt eine Machete ein Zahnrad, was nicht zufällig an Hammer und Sichel erinnert.

An Wäscheleinen auf den Balkonen des Arbeiterwohnheims hängen Kopien von Calvin-Klein-Unterhosen, davor kauern Chinesen mit nackten Oberkörpern. Die Lebensbedingungen sind karg. Auf der anderen Hälfte des Erdballs warten Ehefrauen und Kinder, doch verdienen die Arbeiter hier doppelt so viel wie zu Hause und sparen so für die Zukunft ihrer Familien. Und sie wissen, dass sie einer großen Sache dienen. »Für China ist das gut«, meint einer, der Xue heißt. Ihm fällt ein anderer ins Wort, der ebenfalls den Familiennamen Xue trägt, verwandt sind sie aber nicht: »China entwickelt sich so schnell. Wir brauchen Rohstoffe, denn unsere Bevölkerung ist sehr groß.« Der erste Xue ergänzt: »China benötigt Öl, und dies ist ein großes Ölland. Wir schuften hier, und das Öl kommt zu uns.«

Die angolanischen Jungs, die vor dem chinesischen Essensstand herumhampeln, sagen, in ihrer Muttersprache Kimbundu befragt: »Die Chinesen sind arrogant, sie schauen auf uns herab.« Bei den Gastarbeitern aus Fernost hört sich das so an: »Hier herrscht Chaos, wir gehen kaum noch aus unserer Siedlung heraus. In Angola fürchten wir um unser Leben.« Der Chinesische Wirtschaftsrat CBC, der 40 Firmen in Angola vertritt, spricht von zwei bis drei Überfällen pro Tag. So wurden in Luanda chinesische Arbeiter mit kochendem Wasser übergossen, von mehreren Morden ist die Rede. Tobt ein neuer Rassenkrieg?

Politologe Orlando Ferraz sieht die Gewaltbereitschaft als Folge des beinahe 30-jährigen Bürgerkriegs von 1975 bis 2002 mit einer halben Million Toten, der sich fast nahtlos anschloss an den Unabhängigkeitskrieg gegen die portugiesischen Kolonialherren 1961 bis 1974. Das Engagement der Chinesen bewertet er positiv: »Nach dem Bürgerkrieg, als niemand mit uns zu tun haben wollte, hat China schnell und unkompliziert mit Krediten geholfen.« Aber auch Ferraz bemängelt: Bei den Bauprojekten würden zu wenig Angolaner beschäftigt, zudem sollten die Chinesen mehr für die Ausbildung der Einheimischen tun. Von einem »neuen Kolonialismus« zu sprechen, sei aber absurd. Der Politologe hat kein Problem damit, dass das Geld aus den Krediten überwiegend wieder an chinesische Firmen fließt. »Sie verbessern unsere Infrastruktur, bauen etwa Straßen. Ich schaffe es jetzt viel schneller ins Büro. Bananen und andere Lebensmittel erreichen die Kunden, bevor sie verfaulen.«

Wer sich durch den Moloch Luanda bewegt, spürt sofort, wie drängend das Problem ist: Werktags bricht der Verkehr ab sechs Uhr morgens in weiten Teilen der Metropole zusammen, auf den zerklüfteten oder einspurigen Straßen geht gar nichts mehr. »Die Chinesen sind selbst dabei, sich zu entwickeln«, sagt Orlando Ferraz. »Deshalb können sie uns besser verstehen, sich besser in uns hineinversetzen als die Europäer.«

Auch Europäer selbst geben das zu. Bauingenieur Bernhard Streit ist seit 1972 in Afrika tätig, seit sechs Jahren in Angola für die Nürnberger Firma Gauff Engineering. Im Auftrag des Staats von Angola überwacht er den Bau von 1200 Kilometern Straße, den die China Road & Bridge Corporation ausführt. Die westliche Politik Afrika gegenüber hält er für gescheitert: »Wir stellen zu viele Forderungen. Die Chinesen hingegen spielen sich nicht als Lehrmeister auf. Wir Europäer, sei es Deutschland oder die EU, und die Weltbank kommen immer mit dem erhobenen Zeigefinger. Das gefällt den Afrikanern gar nicht.«

Bernhard Streit inspiziert den Bau eines Straßenabschnitts bei der Stadt Caxito, wo Chinesen Bagger und Planierraupe fahren. Das Öl kann auch Fluch sein: Angolas Elite verkauft den Rohstoff, mit dem ihr Land so reich gesegnet ist, aber den normalen Angolanern bringt das nur wenige Jobs – die Arbeit machen die Chinesen. Sie sind fleißig, besser ausgebildet als die Angolaner und schneller als die Europäer. Und Chinas Regierung stellt keine Bedingungen, beschwert sich nicht über Korruption oder Menschenrechtsverletzungen. Die Bewertung des Afrika-Kenners Bernhard Streit fällt trotzdem positiv aus: »Menschenwürdige Wohnungen und vernünftige Verkehrsverbindungen gehören auch zu den Grundrechten. Wir Europäer wollen die Leute immer missionieren. Das ist gut gemeint, hat aber nicht viel gebracht. Die Chinesen hingegen denken nur an ihre eigenen Wirtschaftsinteressen. Deshalb schaffen sie hier eine gute Infrastruktur. Das nutzt Angola mehr als die westliche Entwicklungshilfe.«

Angola ist kein Einzelfall. 2009 und 2010 unterstützte China Entwicklungsländer mit Krediten von mehr als 110 Milliarden Dollar und übertraf damit die Weltbank, deren Kernaufgabe es ist, weniger entwickelte Mitgliedstaaten zu fördern. Der Demokratischen Republik Kongo gab China einen Kredit über 6 Milliarden Dollar, abgesichert durch ein Kupfer-Kobalt-Bergwerk, das zu 68 Prozent den Chinesen gehört. In diesem Land bauen sie neben Straßen auch Krankenhäuser und Schulen. Nach dem Ibrahim-Index, der die Regierungsführung in afrikanischen Ländern vergleicht, gehören die Demokratische

Republik Kongo und Angola zu den fünf Staaten, deren öffentliche Dienstleistungen sich in den letzten zehn Jahren am meisten verbessert haben.

»Chinas Rohstoffhunger bringt Vorteile für Afrika«, meint Helmut Reisen, Forschungsdirektor am Development Centre der Organisation für wirtschaftliche Zusammenarbeit und Entwicklung (OECD). »Durch die Tauschgeschäfte werden rohstoffreiche Länder daran gebunden, zumindest einen Teil ihres Rohstoffreichtums in Projekte zu steuern, die der Allgemeinheit zugutekommen. Der chinesische Ansatz kann – ganz ohne deklamatorische ›Good Governance‹-Rhetorik – einen hilfreichen Beitrag dazu leisten, Ressourcenreichtum in einen Segen für die Bevölkerung zu verwandeln.«

Mit der Cap Anamur rettete Rupert Neudeck 1979 Tausende vietnamesische Flüchtlinge. Auch er hält die chinesischen Projekte in Afrika für effektiver als die westliche Hilfe: »Unsere Entwicklungspolitik hat jedenfalls nicht dazu geführt, dass dort autarke Tigerstaaten entstanden sind wie in Südostasien. Die Chinesen machen genau das, was wir 50 Jahre lang nicht geschafft haben: Sie tragen dazu bei, dass sich die wirtschaftliche Kraft des Kontinents steigert. Und das, indem sie schlicht und ergreifend Geschäfte machen.«

Konflikte bleiben dabei nicht aus. In einem chinesischen Kohlebergwerk in Sambia schossen Aufseher auf Arbeiter, die für höhere Löhne demonstrierten, dabei wurden zehn Kumpel verletzt. Ein Minister des Landes sagte: »Sambische Arbeiter werden dort wie Tiere behandelt. Niemand hat einen Arbeitsvertrag, es gibt nur Tagelöhner. Und sie erhalten Sklavenlöhne.«

Unter afrikanischen Politikern überwiegen aber die chinafreundlichen Stimmen. Der Senegal gilt als einer der wenigen demokratischen Staaten des Kontinents, sein Präsident Abdoulaye Wade meint: »Chinas Herangehensweise an unsere

Bedürfnisse passt einfach besser als die langsame und manchmal herabwürdigende postkoloniale Methode europäischer Investoren, Geberorganisationen und Nichtregierungsorganisationen. Chinas Modell, schnelle Wirtschaftsentwicklung zu fördern, lehrt Afrika eine Menge.« In seinem Artikel für die *Financial Times* unter der Überschrift »Time for the west to practise what it preaches« holt Senegals Präsident zu einem grundsätzlichen Vergleich chinesischer und westlicher Politik aus: »Ich habe herausgefunden, dass ein Vertrag, der mit der Weltbank für Diskussionen, Verhandlungen und Unterschriften fünf Jahre brauchen würde, nur drei Monate erforderte, wenn wir es mit chinesischen Behörden zu tun hatten. Ich glaube fest an gute Regierungsformen und die Herrschaft des Rechts. Aber wenn Bürokratie und sinnloser Amtsschimmel unsere Handlungsfähigkeit einschränken – und wenn die Armut weiter existiert, während internationale Funktionäre auf die Bremse treten –, dann haben afrikanische Führer die Verpflichtung, sich für die einfacheren Lösungen zu entscheiden.« Also für die chinesischen.

Auch das chinesische Denken verbreitet sich in Afrika: Bereits 21 Konfuzius-Institute wurden dort gegründet.

Die Energie des Konfuzius

Neben Modellen von Pumpen und Bohranlagen hängt in der Trainingsbasis der »Dritten Ölproduktions-Untergesellschaft der Ölfelder von Daqing« ein Porträt von Konfuzius. In dem Text darunter wird der Meister zitiert: »*Wenn du geizig an deinem Reichtum festhältst, wirst du Menschen verlieren. Wenn du deinen Reichtum verteilst, wirst du Menschen anziehen.*« – »Unsere Arbeiter sollen nicht nur ihr Fachwissen beherrschen«, sagt Li Jie, Lehrerin in der Trainingsbasis. »Zum Erfolg brauchen sie auch die traditionelle Weisheit Chinas.«

Die Ölfelder von Daqing sind die größte Förderstätte für Erdöl in der Volksrepublik. Heute eine Stadt mit 2,5 Millionen Einwohnern, Hochhäusern und einem Fernsehturm, ist Daqing mit der Entdeckung von Öl vor Ort im Jahr 1959 überhaupt erst entstanden. Entlang den breiten Straßen reiht sich ein Nickesel an den anderen – so (oder auch Pferdekopfpumpen) werden die Ölpumpen aufgrund ihres Aussehens und ihrer Bewegungen genannt. Sie fördern das Öl hier sogar mitten in Wohngebieten. Kinder toben um die nickenden Esel aus Stahl, die bis an die Fenster der Apartments im dritten Stock der benachbarten Häuser reichen. Rentner spielen Karten. »Gut ist das nicht«, meint einer von ihnen. »Der Boden vibriert, wir leiden unter Schlafstörungen.« Die anderen stimmen ihm zu.

Garantiert keine grummelnden Stimmen hört man im Geschichtsmuseum der Ölfelder von Daqing, in seinen Dimensionen dem Louvre näher als einem gewöhnlichen Heimatmuseum. Aus dem Lautsprecher klingt getragene Musik, auf einer »Daqing-Straße« aus Bronze sind die wichtigsten Ereignisse seit 1959 eingraviert. Sie endet vor dem Museumseingang mit einer Statue, die Rohre und Turbinen zu einer geballten Faust verknüpft. Der Künstler nannte sein Werk: »Ausgangspunkt der Nachhaltigkeit«.

»Schon unter dem ersten Kaiser der Qin-Dynastie, vor über 2200 Jahren, haben die Chinesen Öl gefunden, als sie nach Salz bohrten«, sagt Museumsführerin Li Miao. Sie zeigt auf Bohrwerkzeuge aus Bambus, mit denen während der Song-Dynastie (960–1279) gearbeitet wurde. Das Öl sei damals zur Beleuchtung, als Brennstoff und für medizinische Zwecke genutzt worden.

Als aber in anderen Teilen der Erde Öl systematisch erschlossen wurde, hatte Chinas Zivilisation gerade ihren Tiefpunkt erreicht – etwa als Colonel Drake 1859 in Pennsylvania bohrte und damit den amerikanischen Ölrausch auslöste. Im Reich der Mitte gelang der große Durchbruch beim Öl genau 100 Jahre später – hier in Daqing. Die Museumsführerin klickt auf eine elektronische Landkarte, was weitaus professioneller und moderner wirkt als entsprechende Versuche in der Wahlberichterstattung des deutschen Fernsehens. Doch dann erscheinen auf der LED-Wand plötzlich Bilder aus ganz anderen Zeiten: Menschen in Mao-Kitteln klatschen und springen vor Begeisterung in die Luft, als das erste Öl sprudelt.

Daqing heißt übersetzt »große Feier« – die Stimmung von damals gab der Stadt ihren Namen. Mao selbst erhob Daqing zum Vorbild für das ganze Riesenreich und erklärte: »Die Industrie muss von Daqing lernen.« Das aber sollte erst später geschehen. Fünf Jahre lang wurde die Entdeckung der Ölfelder von Daqing geheim gehalten, im Kalten Krieg mit dem »US-Imperialismus« und den »sowjetischen Revisionisten«, der 1969 am Fluss Ussuri, nur 700 Kilometer vom nordostchinesischen Daqing entfernt, sogar zu Gefechten mit vielen toten Soldaten führte. Nach außen hieß es anfangs, Daqing sei eine landwirtschaftliche Produktionsgenossenschaft.

Die nächste Halle des Museums ist einem Mann gewidmet, den sie hier »den Eisernen« nennen: Der Vorarbeiter Wang Jinxi ist in Öl gemalt und in Stein gehauen. Seine Kollegen und er sollen auf ihren Schultern Einzelteile von Bohrmaschinen getragen haben, die insgesamt 50 bis 60 Tonnen wogen. Einmal sprang er in den Bohrschlamm, um mit seinem eigenen Körper das austretende Öl zu stoppen und so Verluste zu verhindern. Wegen dieses Akts konfuzianischer Selbstlosigkeit gilt er in China als Held. Mit 47 Jahren verstarb er an Krebs. Die Brigade 1205, die der »Eiserne Mann« Wang Jinxi angeführt hat, arbeitet noch heute. In der flachen, sandigen Landschaft erhebt sich ein Bohrturm, darauf weht die rote Fahne. In Baracken davor finden sich Ruhe- und Konferenzräume sowie ein weiteres Museum, diesmal exklusiv über die Geschichte der Brigade. Fotos zeigen Wang Jinxi, wie er sich in den Bohrschlamm stürzt und wie Mao ihm die Hände schüttelt, aber auch Hochzeitsfeiern von Brigademitgliedern.

Helden der Arbeit in roten Anzügen stehen stramm zum Empfang der Gäste aus Deutschland. Wir sind das erste ausländische Fernsehteam, das in Daqing drehen darf, heißt es. Die zehn Arbeiter singen die Hymne ihrer Brigade:

»Wir halten die rote Fahne hoch und ziehen in
den Kampf.
Wir folgen dem Eisernen Mann.
Wir sind stark und voller Eifer, erheben unseren
Kopf über den Berg Taishan.

Wir fördern Öl für die Revolution.
Mit dem Herzen für das Mutterland und mit
dem Blick auf die ganze Welt.
Wir sind aufgewühlt für die revolutionären Aufgaben.
Wir sind die Arbeiterklasse und haben schwere
Knochen.«

Die Bohrmaschine der Brigade 1205 rotiert. Wie ein Kran wird sie aus einem Führerhäuschen mit vielen Schalthebeln und Anzeigegeräten kontrolliert. In den Dauerlärm hinein ertönt alle zwei Sekunden ein Doppelschlag. Schlamm spritzt.

Daqing hat ein Problem. Bis vor wenigen Jahren wurden noch mehr als 50 Millionen Tonnen Erdöl im Jahr gefördert. Jetzt sind es nur noch 45 Millionen, Tendenz fallend. Wie überall in der Welt gilt auch hier: Es wird immer schwerer, das Öl zu erschließen. »100 Jahre Ölfeld Daqing«, hat die Kommunistische Partei Chinas als Ziel vorgegeben. Doch selbst Zhao Mingtao, Parteisekretär der berühmten Brigade und studierter Ölingenieur, sagt: »Wir geben alles für Daqing. Aber ob das Öl wirklich 100 Jahre reichen wird, kann ich nicht sagen.« Auf den revolutionären Elan allein können sie sich nicht verlassen. »Unsere Technik ist jetzt besser als früher«, sagt Zhao. »Das erhöht die Ausbeute, verbessert die Arbeitssicherheit und ist gut für die Umwelt.« Entsprechend sei die Qualifikation der Ölarbeiter gestiegen, jeder dritte in der Brigade habe jetzt einen Hochschulabschluss.

Auch die Raffinerien von Daqing arbeiten auf dem neuesten Stand der Technik, um das knapper werdende Öl effektiver zu nutzen. Die Ölfelder von Daqing haben ölverarbeitende Industrie angezogen. Tausende Arbeiter fahren mit ihren Fahrrädern durch das Werkstor der Daqinger Petrochemischen Fabrik. Plastik wird hier ebenso hergestellt wie Kunstfasern für Textilien. Hier sind 32 000 Mitarbeiter beschäftigt, viel mehr als in der Ölproduktion selbst, wo lediglich die Anlagen beaufsichtigt und gewartet werden müssen.

Wenn das eigene Öl nicht mehr ausreicht, will man sich weltweit bedienen. »Russland liegt nicht weit entfernt, schon jetzt führen wir von dort jährlich 10 Millionen Tonnen Erdöl ein«, sagt Dou Yan, stellvertretender Produktionschef des Unternehmens. »Das wird deutlich mehr werden.« Vier Jahrzehnte nachdem Russen und Chinesen aufeinander schossen, stillt Russlands Rohstoffreichtum den Energiehunger der schnell wachsenden chinesischen Industrie.

Doch das reicht nicht. China setzt auch auf erneuerbare Energien. Der derzeitige Fünfjahresplan sieht in diesem Bereich Investitionen von umgerechnet 540 Milliarden Euro vor – zehnmal so viel wie das angeblich so grüne Deutschland im gleichen Zeitraum dafür ausgibt. Doch für China ist auch das nicht ausreichend. Wo etwa kommt der Strom her für den rot, blau und lila funkelnden Fernsehturm von Shanghai, für die nachts taghell erleuchteten Prachtbauten der dortigen Uferstraße Bund, für die glitzernden Einkaufspromenaden der Metropole? Von der Energie für Fabriken, Büros und Wohnungen ganz zu schweigen.

Ein Drittel des Stroms von Shanghai stammt aus dem Kohlekraftwerk Nummer 3 im Vorort Waigaoqiao. »Sonne und Wind sind nicht verlässlich«, meint Feng Weizhong, Chefingenieur des Werks. »Wenn die Sonne scheint, kann man sie zur Energieerzeugung nutzen. Ist es bewölkt, dann nicht mehr. Mit dem Wind verhält es sich genauso. Weht er stark, produziert er Strom, wenn er nachlässt aber nicht. Stellen Sie sich vor, Sie haben Hunger, doch genau in dem Moment gibt es nichts zu essen.«

Waigaoqiao Nummer 3 sieht von außen so aus wie Kohlekraftwerke überall auf der Welt: Schlote rauchen, Betongebäude sind eingepfercht in ein Netz von Hochspannungsleitungen. »China hängt vor allem an der Kohle, keinen anderen Rohstoff haben wir in diesem Überfluss«, sagt Feng. Mehr als 70 Prozent des chinesischen Stroms werden derzeit durch die Verbrennung von Kohle erzeugt. Der Chefingenieur weiter: »Unser Hauptweg muss deshalb darin bestehen, Kohle umweltfreundlicher zu nutzen.« Die Kohlehalden auf dem Gelände lassen nichts Sauberes vermuten. Ein Raupenfahrzeug ebnet eine von ihnen ein, Staub wirbelt auf. Ein Bagger schneidet mit einem Zahnrad in die Kohle hinein und befördert sie auf ein Fließband, das ins Kraftwerk rast.

Hightech dagegen ist der Leitstand des Kraftwerks, wo alle Informationen und Messwerte zusammenlaufen und auf Monitoren sichtbar werden. Auf dem neuesten Stand der Technik befindet sich die Energieerzeugung in den Hallen, durch die sich viele Meter breite Rohre schlängeln. Der Fußboden ist so sauber, dass man ihn ablecken könnte. Welche Auswirkungen ein Kohlekraftwerk auf die Umwelt hat, hängt vor allem davon ab, wie effizient es die Kohle nutzt. 2,8 Millionen Tonnen CO2 und 1,1 Millionen Tonnen Kohle werden in Waigaoqiao pro Jahr eingespart im Vergleich zur durchschnittlichen Kohleverbrauchsrate in China. Das scheint ein leicht zu erreichender Standard zu sein in einem Land mit den meisten Bergwerksunfällen und den am meisten verschmutzten Städten. Aber auch im internationalen Vergleich gilt: Waigaoqiao Nummer 3, seit 2008 im Betrieb, ist das effizienteste Kohlekraftwerk der Welt. Die Technik stammt zum Teil von Siemens, doch Chefingenieur Feng betont mit stolzem Lächeln: »Wir entwickeln sie hier jeden Tag weiter. In Deutschland gibt es noch kein so sauberes Kohlekraftwerk. Wenn wir eingeladen werden, kommen wir gern zu Ihnen, um dabei zu helfen, eines zu bauen.« Siemens-Sprecher Alfons Benzinger bestätigt: »Es stimmt, dass der Kunde eigene Innovationen vorangetrieben hat. Diese beziehen sich auf den Wasser-Dampf-Kreislauf, nicht auf die Siemens-Technologie für Turbinen.«

Feng ist ein chinesischer Selfmademan. Mit 16 begann er als Jungarbeiter in einem Kohlekraftwerk. An einer Hochschule hat er nie studiert – doch heute ist er Professor. Auf seiner Visitenkarte stehen außerdem die Titel Generaldirektor und Sekretär der Kommunistischen Partei. Feng hat mit seinem Team zwölf neue Verfahren entwickelt. Sie sparen Energie, vermindern Abgase und verhindern sie zum Teil. So werden etwa die Abgase vom Schwefeldioxid befreit, Partikel abgetragen, Dampfoxidation wird verhindert und Wasser in den Dampfkesseln gereinigt.

Ähnliche Kraftwerke mit »sauberer Kohle« werden auch woanders in China gebaut, etwa in der Küstenmetropole Tianjin und im chinesischen Teil der Mongolei, die reich an Kohlebergwerken ist. In der *New York Times* ist zu lesen: »China ist jetzt weltweit führend beim Bau von effizienten, weniger schmutzigen Kohlekraftwerken. Während in den USA noch darüber debattiert wird, ob man eine effizientere Art von Kohlekraftwerken bauen soll, die extrem heißen Dampf nutzen, entsteht in China jeden Monat ein neues dieser Kraftwerke.« Und in der renommierten US-Zeitschrift *The Atlantic* heißt es: »Auf der Suche nach ›Fortschritt mit Kohle‹ und anderer Energie ist China heute das, was Google, Intel, General Motors und Ford während ihrer Glanzzeit auf anderen Feldern waren.«

Dreischluchtendamm – fünfmal stärker als Fukushima

Für ihn wurde der Jangtse bezwungen, der mächtigste Strom Chinas: Der Dreischluchtendamm ist ein Kraftwerk, das alles andere auf der Welt in den Schatten stellt. Für ihn wurden Landschaften zerstört, die seit 45 Millionen Jahren existierten. Über eine Million Menschen verloren ihre Heimat. Er gehört zum gigantischen Plan, China zur Wirtschaftsmacht Nummer eins zu machen. Der gewaltige Staudamm ist das größte Wasserkraftwerk der Welt – und das größte Kraftwerk überhaupt. Er heißt so, weil er im Drei-Schluchten-Gebiet liegt, einer der Wiegen der jahrtausendealten chinesischen Kultur.

Eine Fahrt den Jangtse flussaufwärts, von Yichang im Osten nach Chongqing im Westen: Die Reise beginnt in der Vier-Millionen-Einwohnerstadt Yichang. Es ist sieben Uhr morgens, die Rollläden vor den meisten Geschäften sind noch heruntergelassen, obwohl in China lange Öffnungszeiten gelten. Auf der Straße überfahren Autos die durchgezogene gelbe Linie. Wie in China üblich, mieten wir einen Wagen mit Fahrer, der uns zum 40 Kilometer entfernten Staudamm bringt. Je näher wir ihm kommen, desto leerer die Straßen – und desto blanker blitzen sie. Alle paar Hundert Meter kehrt ein Straßenfeger den Gehweg. An einer Ampel klopft eine junge Frau an die Fenster unseres Kleinbusses und ruft: »Wollen Sie den Staudamm besichtigen? Ich zeige Ihnen Schleichwege, wie Sie kostenlos reinkommen.« Anwohner bieten sich als private Reiseführer an, gegen Trinkgeld.

Es geht auch ohne ihre Hilfe. Zwar gehört der Damm zu den bestgesicherten Orten Chinas, und es stehen Soldaten der Volksbefreiungsarmee in Wachhäuschen aus Beton, doch die salutieren nur, als wir vorbeifahren. Wir haben das Kennzeichen unseres Wagens vorher durchgegeben. Der Dreischluchtendamm ist ein Prestigeobjekt, das man gern vorzeigt, Touristen ebenso wie Journalisten: Kein anderes Kraftwerk erzeugt so viel Strom. Die Achse des Dreischluchtendamms erstreckt sich über 2,3 Kilometer. 28 Millionen Kubikmeter Beton wurden verbaut. Das Wasser staut sich in einem künstlichen Becken von der doppelten Größe des Bodensees. Nur der Blick aus einem Hubschrauber oder Flugzeug bietet die Chance, das Mega-Wasserkraftwerk in seiner Gesamtheit zu sehen.

Zur Veranschaulichung hat die Staudammverwaltung in ihren Besucherräumen ein Modell mit hellblauem Wasser, Bergen, Staumauern und vielen Lichtern aufgebaut – selbst das ist so groß wie eine Theaterbühne. Yan Junyi, leitender Ingenieur des Dreischluchtendamms, zeigt es voller Stolz. »Der Dreischluchtendamm ist ein alter Traum des chinesischen Volkes«, sagt er. »Schon als der letzte Kaiser gestürzt und die Republik ausgerufen wurde, galt der Bau eines solchen Damms als Schlüssel zur Industrialisierung. Nach der demokratischen Revolution 1911 erklärte der erste Präsident der Republik, Sun Yat-sen, den Damm zur nationalen Aufgabe. Er sollte es ermöglichen, Strom zu erzeugen, den Bootsverkehr zu erleichtern und die Wirtschaft zu entwickeln.« In seinem Programm für die Industrialisierung Chinas skizzierte Sun Yat-sen den Plan für einen Dreischluchtendamm. Damals scheiterte das Vorhaben am frühen Tod des Präsidenten 1925 und an den Wirren des Bürgerkriegs.

Nach Gründung der Volksrepublik China erinnerte sich Mao an diesen Plan. 1956 fuhr er über den Jangtse, um sich vor Ort ein Bild zu machen. In einem Gedicht pries er das zukünftige »Wunder von Menschenhand«. Ein Dreischluchtendamm war ihm nicht genug, er wollte gleich den Fluss von Süden nach Norden umleiten, doch scheiterten diese Visionen an der kommunistischen Misswirtschaft. Erst ab 1978, nach den Reformen und der Öffnung des Landes, konnte sich China ernsthaft mit dem Jahrhundertwerk beschäftigen. Landvermesser durchforsteten das Flussgebiet, Geologen suchten nach geeigneten Stellen für einen Staudamm.

1993 begannen die Bauarbeiten, flankiert von Propaganda. Ein Film zeigt Funktionäre mit Schutzhelmen, die in die Luft schießen. Bagger versetzen Berge. Arbeiter schwenken rote Fahnen. Premierminister Li Peng, der das Projekt vorantrieb, erhält frenetischen Beifall. Im Kommentar dazu sagt eine Sprecherin, voller Pathos in der Stimme: »Mit diesem extrem komplizierten Unterfangen hat die dritte Generation von Führern der Kommunistischen Partei eine große Prüfung bestanden und die historische Mission des chinesischen Volkes vollstreckt. Am 8. November 1997 wurde der Jangtse mit Erfolg gestoppt.« Ein Projekt von unvorstellbaren Dimensionen. Arbeiter sprengten Felsen und kippten Steine ins Wasser, wodurch sie den Jangtse umleiteten und einen 3,7 Kilometer langen Kanal schufen. Wo bisher das Wasser floss, konnte jetzt der Damm gebaut werden.

In einem idyllischen Park am Damm, im Teich schwimmen Goldfische, werden heute die Felsbrocken von damals zur Schau gestellt. »Diese Steine haben die Form von Pyramiden«, erklärt dort Yuan Lei, Mitarbeiter im Informationszentrum des Dreischluchtendamms. »Sie stoppten 1997 den Strom des Wassers. Nirgendwo sonst ist das jemals bei einem so tiefen Fluss gelungen.« Nebenan verherrlichen Skulpturen aus Bronze die »Helden der Arbeit«. Ihre Gesichter blicken entschlossen, sie tragen Helme auf dem Kopf und halten Hämmer in der Hand. 18 000 Menschen wirkten am Bau mit, viele von ihnen kamen dabei ums Leben, es gab zahlreiche Unfälle. Die Zahl der Toten bleibt bis heute ein Staatsgeheimnis.

»Wir Chinesen haben dieses Werk, das alles Vergleichbare in der Welt übertrifft, durch eigene Anstrengungen erreicht«, sagt Yan Junyi, der leitende Ingenieur. »Das hat unserem Volk viel Selbstvertrauen gegeben. Nach dem Dreischluchtendamm gelangen uns deshalb weitere große Projekte. Wir bewahren uns diesen Geist.« Die 150 Meter hohe Mauer wirkt wie endlos, da Teile davon im Nebel verschwinden, der oft über dem Staudamm schwebt. Steil nach unten kann nur blicken, wer frei von Schwindel ist. Dort sieht man das Wasserkraftwerk mit seinen 32 Turbinengeneratoren, von denen jeder eine Leistung von 700 Megawatt hat. Dazu gehören auch die sechs Einheiten im Untergrundkraftwerk am rechten Ufer. An der Stromstation sind außerdem zwei Generatoren mit je 50 Megawatt installiert. Die kombinierte Kapazität beträgt also 22 500 Megawatt – das Fünffache der Kapazität, die alle Reaktorblöcke im japanischen Fukushima vor der Atomkatastrophe gemeinsam hatten.

Die Hoch- und Tiefbauarbeiten wurden 2006 abgeschlossen, seit 2008 sind sämtliche Turbinen im Betrieb. Der Dreischluchtendamm ist fertig, was sich auf den ersten Blick nicht erkennen lässt. Hämmer schlagen, Schweißgeräte blitzen, Arbeiter balancieren auf Stangen aus Bambus und Stahl, Kräne schwenken dicht nebeneinander, es sieht aus, als stießen sie gleich zusammen. Das Riesenwerk wird ständig erneuert und erweitert, zurzeit um eine zusätzliche Schiffsschleuse. Sie soll Passagierschiffe in 40 Minuten durch den Damm schleusen. Bisher wurden dafür dreieinhalb Stunden gebraucht – in China muss alles immer schneller gehen.

An der steilen Mauer des Staudamms ziehen Seile einen

Kasten aus Kunststoff hoch, in dem ein Anstreicher über dem Abgrund hangelt. Mit einem Farbroller überzieht er die Fassade des Damms mit frischem Grau. Eine Nation pflegt ihren größten Neubau, in seiner Bedeutung mit dem größten Altbau vergleichbar – der Chinesischen Mauer. Zwar gibt es höhere und längere Talsperren und größere Stauseen, aber kein anderes Wasserkraftwerk erzeugt so viel Strom wie dieses. Die Turbinen im Inneren sollen, wen wundert es, die größten der Erde sein. Sie sind *made in China*, wie auch die meisten Kontrollgeräte im Schaltraum. »Unser Dreischluchten-Kraftwerk ist darauf angelegt, bis zu 84,7 Milliarden Kilowattstunden pro Jahr zu erzeugen«, erklärt Yan Junyi. »2010 kamen wir auf 84,2 Milliarden Kilowattstunden. Das ist ein Sechstel der Elektrizität, die im gleichen Jahr in Frankreich produziert wurde.«

Touristen steigen mit Regenschirmen aus Bussen, es hat angefangen zu nieseln. An mehreren Stellen des Dammgeländes wurden Aussichtsplattformen errichtet, auf denen Besucher aus ganz China das nationale Wunderwerk bestaunen. Ein Reisender, der ein bisschen wie Mao aussieht, aber eine Kaschmirjacke trägt, meint: »In mehrfacher Hinsicht sind wir die Ersten auf der Welt: Das Kraftwerk mit der größten Stromerzeugung«, er streckt den Daumen nach oben, »die beste Hochwasserregulierung«, wieder streckt er den Daumen nach oben. »Dieser Damm bringt die Wirtschaft mächtig voran und verbessert so das Leben der einfachen Menschen.« Der Daumen bleibt oben. Die Euphorie ist generationenübergreifend, wenigstens unter den Staudammtouristen. Eine fröhliche junge Frau mit langen Haaren schwärmt: »So großartig, so gut, so herrlich – wir Chinesen sind stolz darauf.«

Der Souvenirladen auf der Aussichtsplattform bietet nicht nur Plastikfiguren von Mao und Deng Xiaoping an, sondern, wie es sich gehört, auch das größte Buch zum Damm. In seiner Mitte lässt sich ein Foto der Drei-Schluchten-Gegend ausklappen, wozu die sechs Angestellten des Shops auch in Teamarbeit eine Minute brauchen, denn das Bild ist mehrere Meter lang. Was hat sich nach dem Bau des Damms verändert? »Das Wasser ist höher, vieles ist in den Fluten versunken«, meint ein junger Souvenirverkäufer.

Dem Wasser weichen musste auch der Schrein, der an Chinas ersten großen Dichter erinnert, von dem man heute weiß, an Qu Yuan. Er wurde 139 Jahre nach dem Tod von Konfuzius geboren, 340 vor Christus. Wegen erlittenen Unrechts soll er sich im Fluss Miluo ertränkt haben. Die Anwohner hätten vergeblich versucht, ihn mit ihren Drachenbooten zu retten – woran das Drachenbootfest in China jedes Jahr erinnert. Die UNESCO erklärte den Dichter zur Weltkultur-Persönlichkeit. Doch schützte das den Schrein nicht. Ob geschwungene Dächer, hölzerne Säulen oder bronzene Bottiche – fast alles, was man hier heute eine Stunde vom Staudamm entfernt ansehen kann, sind Nachbauten. Die meisten Originale gingen beim Umzug des Schreins zu Bruch. Die Reiseführerin Zheng Xiaodou, die wie eine Schülerin vor der Mittleren Reife aussieht, berichtet über die Reise der Reliquien: »Dies ist schon der dritte Ort für den Schrein. Seit den Jahrhunderten vor unserer Zeitrechnung stand er in der alten Stadt Guizhou. Im Juli 1976 wurde er aufgrund der Gezhouba-Talsperre verlegt. Wegen des Dreischluchtendamms kam er im Juni 2006 hierher.«

Trotz des aktuellen Comeback des Konfuzius: Im heutigen China gilt häufig noch das Alte weniger als das Neue. Ob Kulturdenkmäler Kopie oder Original sind, war hier lange gleichgültig. Doch immer mehr Chinesen setzen sich für Kulturschätze und vor allem für den Umweltschutz ein. Der Campus der Chongqing-Universität ist wie viele Universitäten in China ein in sich geschlossener Park. Hier hat die Grüne Freiwillige Liga ihr Büro. Der pensionierte Professor Wu Dengming ist ihr Präsident. An den Wänden seines ansonsten tristen Büros hängen Kalligrafien, auf seinem Schreibtisch stapeln sich Unterlagen. Der kahlköpfige Mann ist gesprächig und freut sich über kritische Fragen. »Ich war von Anfang an gegen den Dreischluchtendamm«, sagt er. »Warum ich ihn ablehne? Der Hauptgrund ist: Wir wissen noch zu wenig über den Jangtse und die Auswirkungen dieses Staudamms. Es ist völlig unabsehbar, welche Folgen dieser große Eingriff in die Natur für die Umwelt haben wird.«

Schon vor der Atomkatastrophe im japanischen Fukushima warnten Skeptiker, Erdbeben oder Krieg könnten im Dammgebiet zur Katastrophe führen. Vor der Südwest-Universität, einer anderen Hochschule in Chongqing, thront Mao hochwassergeschützt auf einem Sockel. Hier unterrichtet Professor Lan Yong am Institut für Historische Geografie. Er berät die Regierung, wirkt aber locker und offen für den Disput, anders als viele sture chinesische Beamte. »Alle großen Bauwerke sind in einem Kriegsfall gefährdet«, meint er. »Das gilt nicht nur für den Dreischluchtendamm. Fabriken, Hochhäuser, Brücken – alle sind bedroht. Beim Bau des Dreischluchtendamms wurde berücksichtigt, wie er alle möglichen Situationen aushalten kann, sogar einen Atomkrieg.«

Doch selbst unter den handverlesenen Delegierten im Volkskongress, dem chinesischen Scheinparlament, erkannten viele die Gefahren. Der Gesetzesvorlage für den Damm stimmten 1992 nur zwei Drittel der Abgeordneten zu – ein absoluter Negativrekord. Normalerweise fallen die Entscheidungen nahezu einstimmig aus. Regierungsberater Lan Yong, der den Staudamm befürwortet, sieht in den Gegenstimmen trotzdem auch etwas Positives: »Beim Dreischluchtendamm und anderen Projekten werden jetzt Einwände geäußert. Das ist gut, es zeigt, dass China demokratischer ist als früher. Vor 30 Jahren wäre es unmöglich gewesen, gegen so ein Bauwerk zu sein.

Nun sind viele dagegen. Wir gehen Schritt für Schritt zur Demokratie.«

Umweltschützer Wu Dengming sieht das noch nicht so rosig. Auf die Frage, ob man sich jetzt in den chinesischen Medien kritisch zum Dreischluchtendamm äußern könne, antwortet er: »Natürlich nicht. Ich bestehe auf meinem Standpunkt. Aber deshalb wurden sogar Familienangehörige von mir bedroht.«

Weiter geht unsere Reise auf dem Jangtse mit dem Verkehrsmittel, mit dem sich Menschen in der Drei-Schluchten-Gegend seit Jahrtausenden bewegen: dem Boot. Für den ersten Teil der Strecke nehmen wir ein Schnellboot. Die Anwohner nutzen diese wie Überlandbusse. Sie sehen fast wie U-Boote aus, Dach und Fenster sind geschlossen. Urlaubsfotos kann man aus ihnen heraus nicht knipsen, dafür fahren sie schneller als die touristischen Schiffe. Die meisten Passagiere sind geschäftlich unterwegs, nehmen das Boot mindestens einmal im Monat. Auf dem Bordmonitor quäkt ein Schaf aus einem beliebten chinesischen Kindercomic. Draußen zieht eine der schönsten Landschaften der Erde vorbei: Felsschluchten inmitten hoher Berge – die jetzt etwas kleiner geworden sind. Denn der Damm hat den Wasserspiegel des Jangtse um 70 bis 100 Meter angehoben – und den Fluss um 100 Meter verbreitert. Dem Kapitän des Boots, er heißt Jia Zhong, erleichtert das die Arbeit. »Der Jangtse ist jetzt tiefer und breiter«, stellt er fest. »Für die Schifffahrt bringt das große Vorteile.«

Jetzt können größere Schiffe den Jangtse passieren und Waren ins chinesische Hinterland bringen, was früher schwierig und damit teuer war. Unser Schnellboot überholt einen Frachter, auf dem sich Container der deutschen Reederei Hamburg Süd stapeln. Die Interessen der Wirtschaft und der Umweltschutz befinden sich hier einmal mehr in Konkurrenz miteinander, nicht anders als bei der Atomkraft und fast überall sonst, wo es um Energieerzeugung geht.

»Seit dem Bau des Dreischluchtendamms ist nie gründlich untersucht worden, wie sich der Damm auf den Fischbestand auswirkt«, kritisiert der grüne Aktivist Wu Dengming. Dammbefürworter Lan Yong entgegnet: »Es gibt seit dem Bau des Damms nicht weniger Fische, nur andere. Früher floss das Wasser im Jangtse sehr schnell, darin fühlten sich andere Fische wohler als in ruhigem Gewässer. Jetzt breiten sich Fische aus, die ruhiges Wasser lieben.«

Wie sich der Dreischluchtendamm auf die Umwelt auswirkt, ist umstritten. Die Befürworter sagen, sie wollten die Natur schützen – und vor allem die Menschen, die an den Ufern wohnen. Neben der Stromgewinnung war Hochwasserschutz ein entscheidender Grund für den Bau des Staudamms. »Wir haben den Dreischluchtendamm mit dem Ziel errichtet, den Abfluss von Wasser zu regulieren und damit Hochwasser zu verhindern«, erklärt Yan Junyi. Etwa alle zehn Jahre kommt es am Jangtse zu schweren Überschwemmungen. Mehr als 300 000 Menschen starben im letzten Jahrhundert in den Fluten. Doch Umweltschützer fürchten, daran werde sich nichts ändern, solange weiter Wälder abgeholzt werden. Der Damm habe einige Probleme sogar verschärft. So sagt Wu Dengming von der Grünen Freiwilligen Liga, die Erdrutsche seien heute schwerer und häufiger als früher.

Wasser gilt als saubere Energiequelle, nicht erst seit ein Tsunami das Atomkraftwerk von Fukushima zerstöre. Doch das Beispiel Dreischluchtendamm zeigt, wie die Nutzung der Wasserkraft die Natur und den Lebensraum der Menschen verändert. Zudem haben der Damm und seine Folgen Investitionen von umgerechnet mehreren Dutzend Milliarden Euro verschlungen. »Der Dreischluchtendamm, also die Staumauern, das Elektrizitätswerk und die Schiffsschleuse kosteten nicht mehr, als 1993 geplant«, erläutert der leitende Ingenieur Yan Junyi. »Aber die Ausgaben für die Umsiedlung der Bevölkerung haben den Plan überstiegen.«

Das Boot fährt vorbei an steilen und spitzen Felsen, neu gebauten Hängebrücken und grauen Betonsilos, die an den Ufern hochgezogen wurden. Es hält auch in der Stadt Fengjie, wo sich gut studieren lässt, wie die Umsiedlung abläuft. Denn hier steht noch ein kleiner Teil der Altstadt – aber nicht mehr lange. Zwar ist das Stauziel, ein Wasserstand von 175 Metern über dem Meeresspiegel, schon erreicht. Doch um moderne Bauten zu errichten, werden auch die noch verbliebenen Bewohner zwangsumgesiedelt. Das bietet die Chance, zu erfahren, was vorher mit 1,3 Millionen Menschen geschah, die dem erhöhten Wasserstand weichen mussten – auch das ein Weltrekord des Drei-Schluchten-Projekts.

Ein letzter Blick darauf, wie es vor der großen Umsiedlung überall hier aussah: Zwischen den drei- bis vierstöckigen Häusern aus grauem Backstein hängt ein Wirrwarr von Stromleitungen. Auf der Straße voller Schlaglöcher spazieren so viele Leute, als wäre sie eine Fußgängerpromenade. Anwohner kochen draußen Nudeln. Auch der Friseur schneidet die Haare quasi im Freien, da sein Laden keine Außenwand hat. Auf Hockern und Kartons spielen Rentner Karten – um Geld. Das setzen auch ihre Nachbarn ein beim traditionellen chinesischen Mahjong; lautstark schieben sie die Spielsteine hin und her. Ein Schmied hämmert auf dem Amboss ein glühendes Stück Eisen. Ein Gerber enthaart rohe Tierhäute. Berufe, die man in Europa fast nur noch aus Familiennamen kennt. Manche Nachbarhäuser allerdings liegen bereits in Trümmern. So ahnen die Bewohner, was auf sie zukommt.

Eine Frau, die ihren Enkelsohn auf dem Arm trägt, schimpft: »Die Behörden lassen uns im Unklaren. Zwar sagten sie, dass wir umziehen müssen, aber nicht, wann. Doch die Abrissbagger können jeden Tag kommen. Schauen Sie auf die Ruinen da vorne!« Bekommen sie eine Entschädigung? »300 Yuan pro Quadratmeter sollen wir kriegen. Doch für so wenig Geld findet man in der Neustadt keine Wohnung, schon gar nicht mit der gleichen Quadratmeterzahl.« Ihr Mann, auf dem Kopf eine Schirmmütze, schreit: »Die da oben stecken sich unsere Entschädigung in die eigene Tasche.« »Die Regierung kümmert sich nicht um uns«, unterstützt ihn seine Frau. »Wir erhalten nur ein Drittel des Geldes, das uns zusteht. Den Rest unterschlagen die Funktionäre.«

Wie zur Bestätigung erzwingt sich in diesem Moment eine schwarze Audi-Limousine den Weg durch die Menge von Unzufriedenen und Schaulustigen, die sich um die beiden angesammelt hat.

Der Wohnraum, der hier verloren geht, ist erbärmlich. Doch die Bewohner sind an diese Umgebung gewöhnt. Auch junge Leute leben hier im Viertel, wie Li und ihre Freundinnen, Studentinnen einer örtlichen Fachschule. Vor ihrer Tür wäscht Li grünen Salat in einem Plastikbottich. »Ich möchte nicht umziehen. Früher wohnte ich da vorne, aber das Haus ist schon abgerissen.« Teure Wohnungen können sie sich nicht leisten, deshalb haben sich die Studentinnen nach dem Abriss ihrer bisherigen Unterkunft im nächsten freien Raum eingerichtet. Genau genommen ist es nur ein Bretterverschlag mit drei Pritschen, Postern von Popstars an der Wand sowie ein paar Zahnputzbechern und Shampooflaschen. »Wir leben hier schon einige Zeit«, sagt Lis Mitbewohnerin He. »Ich fühle mich diesem Ort irgendwie verbunden. Aber innerhalb der nächsten zwei Jahre müssen wir umsiedeln.«

Geben ihnen die Behörden eine Ersatzwohnung? »Auf keinen Fall, denn wir wohnen nur zur Miete.« Und Mieter werden nicht entschädigt, nur die Hausbesitzer.

Eine Fahrt von der Dritten Welt in die Erste – sie dauert nur wenige Minuten. Wir benutzen ein Schwarztaxi. Luo Pinde, ein junger beredter Mann in dunkelblauem Jackett, weißem Hemd und mit Schmalzlocke, fährt ohne Lizenz. Eine rote Hängebrücke verbindet die Altstadt mit der Neustadt. Die Fahrt führt vorbei an Baustellen in die glitzernden neuen Straßen von Fengjie – mit einer Million Einwohnern in China eher eine kleinere Stadt. Hochhäuser erheben sich über vierspurige, frisch geteerte Straßen und getäfelte Gehwege. Leuchttafeln an den Bankfilialen zeigen die letzten Zinssätze und Devisenkurse an. Das Schuhgeschäft bietet Schick im italienischen Stil. Fahrer Luo begrüßt die Veränderungen: »Jetzt geht es mir besser als früher. Anfangs war ich mit der Entschädigung unzufrieden. Doch die neue Wohnung, die mir übertragen wurde, hat einen vielfach höheren Wert pro Quadratmeter als die alte. Also ist mein Vermögen gewachsen.«

Zurechtgestutzte Zypressen und in akkurate Reihen gepflanzte Blumen wachsen auf der Insel eines Kreisverkehrs. Gut gekleidete Bürger drängen sich in neue Kaufhäuser, gepflegte Restaurants und Fast-Food-Läden. Kaum zu glauben, dass dies ein Teil derselben Stadt ist, deren altes Viertel wir gerade noch gesehen haben. Die Häuser und Straßen wurden innerhalb der letzten 15 Jahre aus dem Boden gestampft. Über dem Armaturenbrett des Autos, in dem wir fahren, thront ein lachender Buddha als Glückbringer. Durch einen jüngst erbauten Tunnel geht die Fahrt in den nächsten Ort, Wushan, er zählt 600 000 Einwohner. Hier ist unser Fahrer zu Hause.

Auch in dieser Stadt ist alles neu, auch ihre Bewohner wurden wegen des Dreischluchtendamms umgesiedelt. Die Plätze sind pompös, das Design der Straßenbeleuchtung modern, die Abfallbehälter trennen nach wiederverwertbarem und nicht wiederverwertbarem Müll. Kiefern schmücken die Straßenränder. Mit Bambusstangen tragen Bauern Kohlköpfe umher. Früher prägten sie allein diese Gegend, jetzt müssen sie sich ihren Weg durch den dichten Autoverkehr bahnen. Neu sind nicht nur die Gebäude, neu ist auch eine Statue des alten Konfuzius, die über die Stadt blickt. Seine Idee von einem zivilisierten Zusammenleben dürfte er in der geordneten Neustadt eher verwirklicht sehen als in der Unordnung der Altstadt.

In Sichtweite des Philosophen reihen sich weiß angestrichene siebenstöckige Neubauten aneinander. Davor liegt noch Erde aufgeschüttet, doch die Häuser sind bereits bezogen – von Zwangsumgesiedelten aus Gebieten, die dem Wasser weichen mussten, dessen Pegel durch den Damm erhöht wurde. Durch das Fenster aus einer der Wohnungen hier sieht man oben auf dem Berg Villen, die ebenfalls neu sind, mit ihren geschwungenen Dächern aber an traditionelle chinesische Paläste erinnern.

Im Wohnsilo hier wohnt Lü Jiafu mit Frau, der Familie seines Sohnes und seinem Enkel. Ihre Wohnung ist blitzsauber und aufgeräumt, vor allem verglichen mit denen in der Altstadt: Breitbildfernseher, Einbauküche, Markenwaschmaschine, funkelnde weiße Böden und Wände. Doch Familienoberhaupt Lü, ein ehemaliger Bootsfahrer, sieht sich um sein Recht betrogen. Aus einer Aktentasche holt er die Kopie eines Beschwerdebriefs hervor, den er an die Stadtverwaltung geschickt hat. Darin fordert er eine größere Wohnung: »Diesen Antrag habe ich geschrieben. Die haben mein großes Haus abgerissen und mir eine kleine Wohnung gegeben. Ich habe schon viele solcher Anträge eingereicht, aber es hat nichts gebracht.« Ungefragt ergänzt er: »Wir müssen an die Partei glauben. Die Politik von ganz oben ist gut, aber hier vor Ort geht es drunter und drüber.«

So etwas hört man in China oft. Es hängt mit dem von Konfuzius geprägten Vertrauen in die Herrscher zusammen – man könnte auch von Autoritätsgläubigkeit sprechen. Da schiebt man die Schuld lieber den unteren Beamten zu, die, so wird vermutet, die Vorgaben von oben nicht richtig umsetzen.

Am Bau des neuen China kann man viel Geld verdienen, und in der Gegend des Dreischluchtendamms wird besonders viel gebaut. Die meisten Anwohner wehren sich nicht gegen das Umsiedeln an sich, vielmehr empört sie die Korruption, die dabei im Spiel ist. Oft unterschlagen Funktionäre einen Teil der Entschädigung, die den Zwangsumgesiedelten zugesagt wurde. »Die Menschen bekommen nach der Umsiedlung Wohnungen von höherer Qualität, sie haben genug zu essen und warme Kleidung«, sagt auch Umweltschützer Wu Dengming. »Warum sind sie trotzdem unzufrieden? Weil der Reichtum ungerecht verteilt ist – und wegen der Korruption.« Er weiß Konfuzius auf seiner Seite: »*Ob Herrscher eines Staates oder Oberhaupt einer Familie, er braucht nicht beunruhigt zu sein, wenn Armut herrscht; ist der Besitz jedoch ungerecht verteilt, so muss er beunruhigt sein.*«

In China sind es vor allem Intellektuelle in den großen Städten, die bereits den Schluss ziehen: Korruption wurzelt im System, da demokratische Kontrolle und unabhängige Medien fehlen. Die Wut der einfachen Leute in der Drei-Schluchten-Gegend hingegen richtet sich vor allem gegen die örtlichen Beamten.

Indes kennt die Regierung in Peking die Konflikte, fürchtet Unruhen und steckt deshalb eine Menge Geld in die neuen Städte, auch auf Kosten anderer Regionen. Die Anwohner des Dreischluchtendamms sollen bei Laune bleiben. Und das wortwörtlich, wie man jeden Abend in Wushan sieht: Der große Platz in der Mitte des Ortes wird mit chinesischen Schlagern beschallt. Hunderte Bürger kommen und tanzen, die meisten von ihnen sind Frauen mittleren und höheren Alters. Sie stehen in Reihen hintereinander und schwenken ihre Arme nach Vorbildern, die auf einer Videoleinwand zu sehen sind. Kinder vergnügen sich gleichzeitig auf Schaukellöwen und in Spielautos mit Elektromotor.

Tanz und Spaß werden von den Behörden veranstaltet, frei nach den *Gesprächen des Konfuzius*: *»Nachdem der Meister im Staate Qi die Musik des alten Kaisers Shun gehört hatte, vergaß er für drei Monate den Geschmack des Fleisches. Er sprach: ›Ich habe nicht geahnt, dass Musik eine solche Wirkung haben kann.‹«* Die Studentin Zhang Mei, flaniert hier mit ihren Freundinnen, sie meint: »Diese Politik der Regierung ist gut. Tanzen hilft der Gesundheit, besonders bei etwas älteren Menschen.«

Wo noch vor ein paar Jahren nahezu unbewohntes Bergland war, leuchten jetzt im Dunkeln Schaufenster und Schilder der Modeläden von K&CH und Joeone. Im Westen hat noch kaum jemand von diesen Marken gehört, aber ihre Namen klingen international. Und das ist beabsichtigt. Längst nicht jeder der Bewohner, die hier nachts spazieren, kann es sich leisten, in den neuen Boutiquen einzukaufen. Aber sie hinterlassen einen guten Eindruck. »Die Regierung investiert viel in der Drei-Schluchten-Region, vor allem in die Infrastruktur«, gibt auch Kritiker Wu Dengming zu. »Die Wirtschaft dort entwickelt sich gut. Die Städte sehen schön aus.«

Von Wushan aus fahren wir mit einem der mehrmals am Tag verkehrenden Schnellboote weiter flussaufwärts. Wolken hängen über den tiefen Schluchten. An den Ufern haben Buddhisten vor Jahrhunderten Pagoden errichtet, die hoch genug liegen, um vom Jangtse verschont zu bleiben. Doch einige der historischen Sehenswürdigkeiten haben nach dem Bau des Staudamms ihre Gestalt völlig verändert. Baidicheng, übersetzt die »Stadt des Weißen Kaisers«, ist heute eine Insel. Vor dem Bau des Damms gehörte sie als Berg zum Festland, mit dem sie jetzt nur noch durch eine Brücke verbunden ist. Die 2000 Jahre alte »Stadt des Weißen Kaisers« ist eine wichtige Stätte chinesischer Geschichte. Heute quälen sich Esel mit Zementsäcken auf schmalen und steilen Treppen nach oben. Ein Verwaltungsgebäude wird erweitert. Der Sage nach trat aus dem

Berg früher weißer Rauch aus, wie aus dem Mund eines weißen Drachen. Gong Sunshu erklärte sich deshalb zur Zeit Christi Geburt zum »Weißen Kaiser«. Nach seinem Tod wurde hier ein Tempel gebaut, der bis heute überlebt hat.

200 Jahre später starb hier ein anderer bedeutender Herrscher: Liu Bei (161–223), der den Staat Shu Han gründete, als China am Ende der Han-Dynastie in drei Reiche zerfiel. Ähnlich den Krippenfiguren in einer christlichen Kirche stellen lebensgroße Nachbildungen im Tempel dar, wie Liu Bei seine beiden Söhne am Sterbebett dem Premierminister anvertraut, vor diesem gehen die Kinder auf die Knie.

»Durch den Wasseranstieg sind wir eine kleine Insel geworden«, meint der zuständige Denkmalpfleger Li Daquan. »Dieser Ort sieht jetzt noch schöner aus als früher.« Warum schöner als früher? »Früher standen am Fuß des Hügels neuere Gebäude, die nicht zum Tempel passten und die Sicht verschandelten. Wegen des Wasseranstiegs wurden sie abgerissen. Jetzt sind wir von Natur umgeben.«

Das nächste Ziel der Bootsfahrt ist Wanzhou, eine Ansammlung von dunkelgrauen Wolkenkratzern und Kränen, die Erstere noch überragen. Mit 1,7 Millionen hat die Stadt etwa so viele Einwohner wie Hamburg. Bei der Ankunft fällt als Erstes auf: In der modernen Neustadt waschen Menschen ihre Kleider im Fluss. »Ich habe Wasser zu Hause, aber hier finde ich es bequemer, weil mehr Platz ist«, behauptet eine Frau, die ihr Halstuch in der Menge der Waschfrauen und -männer über einem Plastikbottich reibt. Den wahren Grund verrät ein Mädchen im Minirock, das in der Nähe Tee an Kunden ausschenkt, die auf Hockern am Fluss sitzen: Die Frauen waschen im Jangtse, weil die Wassergebühren für sie zu hoch sind. Nebenan entstehen neue Wolkenkratzer.

Die Schiffsanlegestelle am nächsten Morgen: Ein Rentner entspannt sich beim Tai Chi, dem Schattenboxen. Ruhe in

Boomtown. Wir wollen von Wanzhou aus weiterfahren in den mittleren Westen Chinas. Zu den Landungsbrücken marschieren auch einige Dutzend junge Frauen, die alle mit roten Baseballkappen ausgestattet sind. Sie streben in die umgekehrte Richtung, ins östliche Shanghai – zum Studium. Früher wäre das schwerer gewesen, weil der Jangtse an dieser Stelle nicht so gut zu befahren war. So dient der Dreischluchtendamm auch der chinesischen Bildungsoffensive, ganz im Sinne von Konfuzius.

Für die nächste Strecke besteigen wir ein vier Stockwerke großes verrostetes, langsames Schiff, wie es chinesische Privatreisende benutzen, die Geld sparen wollen. Der Matrose hat gerade die Leinen losgemacht, da hört man Tumult am Pier. Ein Baby soll noch mit. Obwohl das Schiff bereits abgelegt hat, lässt sich eine Frau des Begleitpersonals den kleinen Jungen vom Vater reichen, um ihn an der nächsten Station bei den Großeltern abzugeben. Auch das ganz im Sinne des Konfuzius: *»Der Edle vernachlässigt seine Verwandten nicht.«*

Wieder führt die Fahrt vorbei an modernen grauen Betonklötzen und uralten Landschaften. Uns überholen winzige Fischerboote und Frachter, die Container und Säcke transportieren. Das langsame Schiff ermöglicht einen ruhigeren Blick auf die vorbeiziehenden Schönheiten und Hässlichkeiten. Anders als in den Schnellbooten kann man hier auch übernachten. Viele Reisende bleiben mehrere Tage auf dem Schiff, essen im Bordrestaurant. Die Kajüten kosten unterschiedlich, abhängig von der Etage und ob sie eine Toilette haben oder nicht. In einer der Kajüten drängen sich mehrere Generationen einer Familie aus Shanghai zwischen Koffern und Plastiktüten. Sie verbringen hier ihren Urlaub, haben zum ersten Mal die drei Schluchten gesehen. Reisen ist für die meisten Bürger der Volksrepublik etwas Neues. Auch dazu hatte Konfuzius etwas zu sagen: *»Zu Lebzeiten der Eltern soll man nicht in die Ferne ziehen.«*

»Das Leben von uns Chinesen ist heute ganz gut«, sagt die pensionierte Frau Wang. Gut in welcher Beziehung? »Bezogen auf das Leben. Alles ist gut.« Ihre ältere Schwester ergänzt: »Als Rentner können wir jetzt herumreisen und uns vergnügen.« Vor den Wirtschaftsreformen war das nicht möglich? »Natürlich nicht!«, rufen alle im Chor. »Vor der Reform und Öffnung mussten wir immer arbeiten«, sagt die Schwägerin von Frau Wang. Deren ältere Schwester stimmt ihr zu: »Auch die wirtschaftlichen Bedingungen waren schlecht. Jetzt gibt es Urlaub. Früher hatten wir nur einen Tag frei und mussten sechs Tage in der Woche arbeiten.« Sie spreizt den kleinen Finger und den Daumen, die anderen Finger hält sie geschlossen – das chinesische Handzeichen für »sechs«, es entspricht dem Schriftzeichen dafür. Die Handzeichen für Zahlen unterscheiden sich stark von den im Westen gebräuchlichen. Wer etwa Daumen und Zeigefinger spreizt und damit zwei Bier bestellen will, wird in China acht bekommen, denn dafür steht dieses Handzeichen.

Entsprechend den Idealen von Konfuzius hat die Familie in China eine große Bedeutung und übt deshalb auch eine starke Kontrolle über ihre Mitglieder aus. Doch zeigen sich auch bei den Wangs die Unterschiede zwischen den Älteren, die ihren neuen Wohlstand genießen, und den Jungen, die andere Ansprüche stellen. Als er ohne seine Angehörigen an der Reling steht, sagt der Enkel der alten Frau Wang, ein Mittzwanziger und Geschäftsmann: »Ich finde die Veränderungen in den drei Schluchten nicht so gut. Viele schöne Landschaften sind verschwunden. Das ist schlecht.« Wie wirkt sich der Damm auf die Umwelt aus? »Genau, die Folgen für die Umwelt sind auch groß. Ich finde das schlecht. Den Damm zu bauen hat Chinas Regierung entschieden. Uns fragt keiner.«

Anders als noch vor wenigen Jahren hört man heute in China nicht eine einzige Meinung, sondern viele verschiedene, auch über den Dreischluchtendamm. Die Generation Internet liest kritische Blogs und Kurzmitteilungen – wenn sie nicht gerade durch die Zensur gesperrt sind. Das hätte auch Konfuzius gefallen, denn der wünschte sich Kritik: »*Was ich auch sage, Yan Hui ist sofort damit einverstanden. So hilft er mir nicht.*«

Die Reise auf dem Jangtse führt zu einem Zentrum der chinesischen Kultur im Einflussbereich des Dreischluchtendamms. Unser nächstes Ziel ist die Stadt Fengdu, auf halber Strecke zwischen Wanzhou und der Metropole Chongqing. Fengdu wird in China »die Stadt der Geister« genannt. Hier sitzt der Gott der Unterwelt, zumindest nach der chinesischen Volksreligion, dem Taoismus. Auch diese traditionelle chinesische Religion glaubt nicht an den einen Gott mit der einen Botschaft wie Juden, Christen oder Moslems. Dem Chinesischen näher ist die Aussprache Daoismus, wobei das *dao* »Weg« bedeutet, aber auch »Prinzip« und »Methode«. Der Taoismus geht auf Laozi zurück, der möglicherweise ein Zeitgenosse von Konfuzius war. Die beiden sollen sich sogar einmal getroffen haben, wobei Laozi Konfuzius angeblich vor politischem Engagement warnte, ein Rat, den dieser jedoch ablehnte. Ob sich die beiden tatsächlich begegneten, ist allerdings ebenso umstritten wie die genauen Lebzeiten von Laozi.

Der Fahrer, den wir an der Schiffsanlegestelle genommen haben, hupt sicherheitshalber alle zehn Sekunden, obwohl nur wenige Autos, ein paar Mopeds und ein Trauerzug seinen Weg kreuzen. So fährt er zum Pantheon, das die Stadt berühmt gemacht hat. In weiser Voraussicht haben die Urahnen es auf einem Berg errichtet. So kann ihm jetzt der gestiegene Wasserspiegel des Jangtse nichts anhaben. Wenn man am heiligen Berg angelangt ist, sieht man zunächst die kitschige goldfarbene, haushohe Figur eines Geistes, natürlich ein Neubau – ein Stück chinesisches Disneyland neben den religiösen Stätten. Besteigt man den Berg, passiert man Baustellen, denn um das

Touristengeschäft zu fördern, wird weiter an der Geschichte gehämmert. Auch hier, wo nach dem Volksglauben die Hölle auf Erden ist, gibt es diesbezüglich keine Gnade.

»Dieser Ort hat eine Geschichte von 500 Jahren«, meint ein Bauarbeiter. Ein Kollege korrigiert ihn: »Es sind 1600 Jahre.« Tatsächlich ist Fengdu mehr als 2000 Jahre alt. Der Arbeiter, der näher an der Wahrheit war, scherzt: »Die Toten der ganzen Welt kommen hier vorbei, um sich registrieren zu lassen.« Seine Kollegen lachen. Gibt es hier jetzt immer noch Geister? »Weiterhin kommen die Geister der Toten hierher«, behauptet er lachend und schiebt seinen Schubkarren voll Geröll auf einem Brett hoch zur Ladefläche eines Lastwagens.

Nach 20 Minuten Fußmarsch bergauf stößt man auf die echte historische Anlage, den 1800 Jahre alten Tempel für die Götter des Taoismus. Geschwungene Dächer und mehrgeschossige Türme mit vorragenden Gesimsen erheben sich über dem Jangtse. Touristen können sich hier mit einem »Himmelspass« den Weg aus der Hölle erkaufen. Im Tempel drinnen drohen Figuren in grellen Farben. Manche der Teufel haben Menschengestalt – mit roten Lippen, roten Zungen und scharfen Zähnen. Andere Ungeheuer sind Drachen oder Ochsen. Eine Figur ist furchterregender als die andere. Hier treffen die Götter der Vorzeit auf das fortschrittliche, technikgläubige China der Moderne.

Von Fengdu aus führt der Weg auf dem Jangtse weiter in die Metropole Chongqing. Dort werden wir die dramatischste Veränderung erleben, die der Dreischluchtendamm für China gebracht hat – und der ganzen Welt.

Die größte Stadt der Erde

Ihr Tempo ist selbst für China atemberaubend: Tokio, Mexiko-Stadt, New York – längst hat Chongqing alle hinter sich gelassen. Nur an der globalen Öffentlichkeitsarbeit hapert es noch. Außerhalb des Reichs der Mitte kennt fast niemand die Mega-Metropole, dabei ist sie so groß wie Österreich – hat aber viermal so viele Einwohner; 32 Millionen Menschen leben hier. Chongqing erstreckt sich über 82 000 Quadratkilometer. Ford und Nissan bauen hier Autos, BASF investiert 8 Milliarden Yuan in einen hochmodernen Chemiekomplex. In wenigen Jahren sollen die meisten Laptops der Welt in dieser Stadt hergestellt werden. Sie zählt 57 Universitäten, ihre Wirtschaft wächst jährlich um 12 Prozent. Ein Betonwald aus leuchtenden Wolkenkratzern. Eine Riesenausgabe des Ruhrgebiets. Ein Giga-Manhattan am Jangtse – die Metropole der Zukunft. Chongqing ist die größte Stadt der Erde. Zwar hat die Region Tokio eine ähnlich hohe Einwohnerzahl, verfügt aber nur über ein Sechstel der Fläche.

Vor 3000 Jahren lag hier die Hauptstadt des Königreichs Ba. Später regierte Prinz Zhao Dun aus der Song-Dynastie die Stadt. Als er im Jahr 1189 unserer Zeitrechnung Kaiser von China wurde, gab er ihr aus Freude ihren heutigen Namen: Chongqing, was »doppelte Feier« bedeutet. Während des

Zweiten Weltkriegs verlegte Chinas Regierung ihren Sitz hierher. Manche sagen, das habe vor allem am schlechten Wetter gelegen: Im ständigen Nebel verfehlten japanische Flugzeuge ihre Ziele. Doch seine heutige Bedeutung gewann Chongqing durch den Dreischluchtendamm. Dessen Planern ging es nicht nur um Energie, sie verstanden sich auch als Ingenieure der Gesellschaft. »Seit durch den Dreischluchtendamm der Wasserspiegel angestiegen ist, wurde der Transport von großen Gütern in die Stadt Chongqing viel leichter, die Kosten dafür sind um ein Drittel gesunken«, sagt Yan Junyi, leitender Ingenieur des Damms. »Das hat zu einer rasant schnellen Entwicklung von Chongqing geführt.« Selbst 10 000-Tonnen-Schiffe können nun auf dem Jangtse bis dorthin fahren, weil der Damm den Wasserspiegel um 70 bis 100 Meter erhöht und den Fluss um 100 Meter verbreitert hat. Das hilft, den Westen Chinas zu erschließen.

Geografieprofessor Lan Yong, der die Regierung beim Dreischluchtendamm beriet, hat die chinesische *Go-west*-Strategie mit ausgetüftelt. Es geht darum, das Ungleichgewicht zwischen den reichen Küstenstädten wie Shanghai im Osten und dem unterentwickelten Westen zu überwinden. »Der Dreischluchtendamm hat Chongqing zu einer enorm wichtigen Stadt gemacht«, erklärt Lan Yong. »Sie spielt die Schlüsselrolle beim Plan, den Westen Chinas voranzubringen. Deshalb hat die Regierung Chongqing zur eigenen Provinz erklärt, die Stadt hat jetzt denselben Status wie Peking und Shanghai. Das alles verwandelt Chongqing in eine boomende Metropole.«

Früher gehörte Chongqing zur südwestchinesischen Provinz Sichuan. Diese hatte über 100 Millionen Einwohner und damit deutlich mehr als Deutschland. 1997 erklärte Chinas Führung Chongqing zum eigenständigen Stadtstaat, wie vorher nur Peking sowie die Hafenstädte Tianjin und Shanghai. Umliegende Städte und ländliche Gebiete wurden Chongqing zugeschlagen – Bevölkerungsexplosion per Gemeindereform. So entstand ein künstliches Manhattan, eingerahmt von den Flüssen Jangtse und Jialing. Tatsächlich gleicht der Stadtkern von Chongqing der Halbinsel Manhattan, wenn man ihn von den umliegenden Bergen aus betrachtet.

Die Verwaltungsreform veränderte viele Menschenleben. Dörfler aus dem Umland können jetzt ungehindert ins Stadtinnere ziehen – ansonsten sind solche Umzüge in China nach wie vor begrenzt, auch wenn die Wohnsitzkontrolle in den letzten Jahren etwas gelockert wurde. Chongqing dagegen ist für Menschen aus dem Umland völlig offen. Davon profitiert auch der 29-jährige Taxifahrer He Kun. Sein Wagen glänzt wie alle Taxis hier gelb – auch sie gleichen denen in New York. He ist in einem kleinen Dorf aufgewachsen. Jetzt will auch er am Boom in Chongqing teilhaben.

Während er zwischen den Wolkenkratzern auf sechsspurigen Straßen dahinrast, erzählt er von seinen Träumen: »Ich möchte mein Leben verändern, wie soll ich sagen, die Qualität meines Lebens erhöhen. Bald werden meine Frau und ich ein Baby bekommen. Ich möchte nicht, dass mein Kind einmal so lebt wie ich. Es soll eine bessere Ausbildung erhalten. In dem Dorf, aus dem ich stamme, gab es nur zwei Bücher. In der großen Stadt eröffnen sich für Kinder ganz andere Möglichkeiten.« Ganz im Sinne von Konfuzius, der anspornte: *»Wer sich über den Durchschnitt erhebt, mit dem kann man über Großes reden.«* Streben nach einer besseren Zukunft, Fürsorge für die Nachkommen und Hingabe an das Lernen – in der größten Stadt der Erde sind auch Taxifahrer treue Anhänger von Konfuzius.

In zehn Jahren wuchsen hier 500 Wolkenkratzer in den Himmel. Einer von ihnen heißt »New York, New York« und ist dem Empire State Building nachgebildet. Selbst das Modell der Stadt füllt ein mehrstöckiges Museum. Überall drängen sich Menschen, etwa Eltern vor den Schulen, wenn die Kinder Prüfungen ablegen. Den besten Überblick behalten die Fensterputzer, die wie Spider-Man an Seilen über der Stadt baumeln.

In der US-Zeitschrift *Fortune* heißt es, Chongqing, fast in der geografischen Mitte des Landes gelegen, werde als Pionierstadt den Westen Chinas erschließen wie einst Chicago den Westen Amerikas. Aber mit deutlich mehr Einsatz, notiert die *New York Times*, der Umbau von Chongqing verbrauche umgerechnet 200 Milliarden Dollar, mehr als alle Highways der USA zusammen gekostet haben. Doch die gigantischen Investitionen bergen auch Gefahren. China hat ebenso wie andere ein Schuldenproblem – zumindest auf lokaler und regionaler Ebene.

Mit Steuernachlass und Zuschüssen fördert Peking die Metropole Chongqing im westlichen Hinterland. Davon profitiert auch das Unternehmen Lifan, einer der führenden Autohersteller Chinas. Seine Werkhallen liegen am Fuß kahler Berge. Der 74-jährige Vorstandsvorsitzende Yin Mingshan ist in China eine Legende. Er trägt einen einfachen dunklen Kittel, der den Anzügen aus der Mao-Zeit gleicht. Vor 20 Jahren gründete er die Firma mit neun Mitarbeitern und einem Startkapital von umgerechnet 20 000 Euro. Jetzt setzt er Milliarden um. Auf seinem aufgeräumten Schreibtisch hängen an einem Ständer zwei Fähnchen, die rote chinesische Staatsflagge und die ebenfalls rote Firmenflagge von Lifan. Yin Mingshan stammt aus einer Bauernfamilie. Ein Auto sah er zum ersten Mal, als er acht Jahre alt war; mittlerweile gehört ihm eine Autofabrik. In weiser Voraussicht meint er: »VW wird Toyota als größtes Auto-Unternehmen der Welt ablösen. Aber der Volkswagen-Konzern kann nicht 100, 200 oder 300 Jahre auf Platz eins bleiben. Eines Tages wird er von einem chinesischen Autohersteller überholt.«

Am Eingang der Fabrikhalle prangt ein Foto, auf dem Präsident Hu Jintao Lifan-Chef Yin Mingshan per Handschlag begrüßt. Der Autofabrikant ist in China heute ein gesuchter Gesprächspartner, doch unter Mao noch wurde er als »kapitalistischer Ochsenteufel und Schlangengeist« ins Arbeitslager gesteckt, weil er Nähnadeln verkauft hatte. Vor dem Foto parkt als Ausstellungsstück ein Geländewagen von Lifan. »Den haben wir gerade herausgebracht«, sagt Chefingenieur Qin Chaofu. »Er wird sofort auf den Markt gehen. Alles ist fertig dafür.«

Der Chefingenieur hat eine typische neuchinesische Karriere hinter sich: Zwölf Jahre arbeitete er bei General Motors in Detroit, jetzt nutzt er die Erfahrung für seine Heimatstadt. Er zeigt ein Fließband, auf dem neue Wagen den letzten Schliff bekommen. Noch sind die Kapazitäten klein im Vergleich zu Wolfsburg oder Sindelfingen. Aber genau wie die Stadt Chongqing wächst auch ihre Industrie schneller – viel schneller: »Im letzten Jahr haben wir mehr als 60 000 Limousinen produziert. Davor waren es nur 30 000, wir haben die Anzahl also verdoppelt. In diesem Jahr werden wir noch einmal 50 Prozent drauflegen.«

Hunderte Arbeiter schrauben, bohren und schweißen. Hier spielen Personalkosten kaum eine Rolle. Technisch liegt Lifan nicht nur im Vergleich zum Westen zurück, sondern auch weit etwa hinter Shanghai Volkswagen. Doch dafür sind die Löhne hier niedrig, und mit billigen Autos wird das chinesische Hinterland bedient. »Chongqing gehört zum mittleren Westen Chinas und ist hier die zentrale Metropole«, erklärt Chefingenieur Qin. »Küstenstädte wie Shanghai haben sich zuerst entwickelt, Städte im Landesinneren wie Chongqing folgen. Das wird helfen, in Zukunft auch entlegene Gebiete wie Xinjiang und Tibet voranzubringen.«

Ein riesiger Markt. Die Entwicklungsmöglichkeiten scheinen fast unbegrenzt. Ob Qualitätskontrolle oder Montage des Armaturenbretts – es fällt auf, wie viele Frauen hier in der Produktion arbeiten. Auch das zeigt: Hier wächst ein Unternehmen der Zukunft in der Stadt der Zukunft.

Nebenan liegt die Baustelle für die nächste Fabrik von Lifan, bisher sieht man nur eingeebnete Erde, Bretter und Pfeiler. Mit ausgestreckter Hand zeigt der Chefingenieur: »Hier entsteht die neue Karosseriewerkstatt und hier die neue Lackierwerkstatt. Die Kapazität liegt bei 50 000 Fahrzeugen im Jahr. Aber in Wahrheit wollen wir 70 000 Fahrzeuge produzieren, in zwei Schichten. Für den zweiten Bauabschnitt der Fabrikhalle haben wir nur zehn Monate gebraucht. Das ist ein Beispiel für die schnelle Entwicklung von Chongqing und von Lifan.«

Von der schnellen Entwicklung zeugt auch eine nächtliche Schifffahrt auf dem Fluss Jialing. Auf dem Vergnügungsdampfer speisen und trinken die Passagiere oder singen Karaoke. Doch die eigentliche Attraktion erlebt, wer von der Brüstung aufs Ufer schaut: Ein Weltall von Lichtern spiegelt sich im Wasser und lässt den Horizont erstrahlen, Energiesparlampen werden hier eher sparsam eingesetzt. Wolkenkratzer leuchten golden, rot, blau, grün und gelb, Laser zerschneiden den Himmel. Die größte Stadt der Erde bietet großes Kino mit fest installierten Großbildleinwänden zu Land und mobilen auf dem Wasser. Darauf ersteht die Chinesische Mauer oder rekelt sich ein chinesisches Model am Pool. Auf Leuchtreklamen werben Vergnügungslokale für Sichuan-Speisen, Tanzabende oder auch ganz ungewöhnliche Angebote. So muss man hier nicht in den Zoo, um lebende Haifische zu sehen; sie schwimmen im Aquarium eines Nachtklubs der gehobenen Preisklasse.

Der Barkeeper zündet einen Cognac an und gießt ihn über eine Wodkaflasche, die von den Flammen umschlängelt wird. Hier wird der Exzess zelebriert, die exotischsten Cocktails, der maßlose Alkoholkonsum. *Tanzen mit den Haien* heißt das Etablissement. Und das ist kein Etikettenschwindel. »Unsere drei

Haifische stammen ursprünglich aus Südafrika, aber wir haben sie in New York gekauft«, sagt Kundenbetreuerin Cecilia Jiang, angesichts ihrer zahlreichen Aufgaben völlig außer Atem. »Sie sind jetzt schon ein halbes Jahr bei uns. An die Umgebung und unser Wetter haben sie sich gewöhnt. Sie führen hier ein gutes Leben.«

Das gilt ganz sicher für die Neureichen in dieser neuerdings größten Stadt der Erde. Obwohl nur Klubmitglieder mit den Haien tanzen dürfen und die Aufnahmegebühr mehrere chinesische Monatsgehälter beträgt, ist der Laden überfüllt. Kräftige und wohlhabende Männer flirten mit schönen und wohlhabenden Frauen.

Zu ihnen gehört Chen Ying, die sich Coco nennt, in Anlehnung an die Pariser Modedesignerin Coco Chanel. Die langen, zu einem Pferdeschwanz zusammengebundenen Haare der Chongqinger Coco sind rot gefärbt wie bei vielen jungen Chinesinnen. Begleitet wird sie von ihrem Mann, der die Haare kurz geschoren hat und eine modische schwarze Hornbrille trägt. Die beiden fischen im Haifischbecken des hart umkämpften Marktes von Chongqing. Sie betreiben eine trendige Werbeagentur. Wenn sie abends ausgehen, ist das nicht reines Vergnügen, es dient immer auch der Kontaktpflege und dem Geschäft. Geschickt nutzt Coco dabei ihre weiblichen Reize, schaut dem Gesprächspartner tief in die Augen oder klatscht plötzlich seine Hand ab, wenn sie Gemeinsamkeiten feststellen. Aus den Lautsprechern klingt »New York, New York«, nicht Frank Sinatra, sondern der Rap-Song »Empire State of Mind« von Jay-Z im Duett mit Alicia Keys. Chongqing schläft nie – wie sein berühmtes Vorbild im einst feindlichen kapitalistischen Ausland.

Freundinnen von Coco treffen ein. Sie alle gehören zu einer Generation von Chinesinnen, die Maos Zeiten nur noch aus Erzählungen kennen – wenn überhaupt. »In Chongqing ist nachts jetzt ungeheuer viel los«, sagt Coco. »Das ist nur einer von vielen solchen Klubs, in allen geht es wild zu. Diese Haifischbar ist neu. Wir Chongqinger suchen immer etwas Neues.« Neu sind auch die Fußgängerpromenaden wie die am Jiefangbei, wörtlich dem »Monument für die Befreiung des Volkes«. Das 27 Meter hohe Denkmal dient jetzt nur noch zur Zierde: Heute prägen 3000 Läden und Kaufhäuser die Gegend, 300 000 Menschen shoppen hier jeden Tag, an Sonn- und Feiertagen können es mehr als 900 000 Kunden sein, natürlich haben die Läden auch dann geöffnet.

Ähnlich den Haien im Meer brauchen auch die Menschen in der größten Stadt der Erde einen gesunden Jagdinstinkt. Wie im Amerika der Goldgräberjahre muss man hier jede Chance für ein Geschäft wittern. Die Menschen von Chongqing gelten sogar im chinesischen Vergleich als besonders gerissen und erfolgreich. Erfolg galt auch bei Konfuzius als erstrebenswert, in seinen *Gesprächen* heißt es: *»Der Meister kam auf Yan Hui zu sprechen: ›Leider ist er gestorben. Ich habe ihn stets nur vorwärts gehen sehen. Niemals sah ich ihn bei Erreichtem stehenbleiben.‹«*

Finanzieller Erfolg oder zumindest die Hoffnung darauf sind auch die besten Argumente, wenn man den Bund fürs Leben schließen will. Wang Weijian heiratet heute. Er steht vor dem Haus seiner Braut, in einem Viertel, das weder reich noch arm ist. Den Hochhäusern fehlt der Glanz, im Treppenhaus tritt man auf kahlen Beton, aber es ist überall sauber und gepflegt. Der Bräutigam wird von Freunden umgeben – und von professionellen Filmern: Es gehört zum neuchinesischen Brauch, den großen Tag gleich von mehreren Kamerateams einer Hochzeitsfirma fotografieren und filmen zu lassen. Nach altchinesischem Brauch holt Wang seine Zukünftige im Haus ihrer Eltern ab. Die schwarze Hochzeitslimousine wartet vor dem Gebäude, ein rosa Band darum ist zu einer Schleife zusammengebunden.

Letzte Fragen vor dem Beginn der Zeremonien, die sich über den ganzen Tag erstrecken werden: Welche Zukunft bietet Chongqing seiner Familie? »Welche Zukunft? Diese Stadt ist sehr schön, sehr bequem. Für unsere Ehe lässt das viel hoffen.« Wie entwickelt sich die Wirtschaft hier? »Chongqings Wirtschaft hat die höchsten Wachstumsraten innerhalb Chinas. Die Bewohner hier sind voller Energie. Die Bevölkerungszahl steigt rasant, alles geht nach oben. Auch unsere Einkommen steigen. Wir freuen uns.«

Der Bräutigam und seine Freunde ziehen zur Wohnungstür der Brautfamilie. Sie poltern an die Holztür, wedeln mit roten Umschlägen und rufen: »Aufmachen, aufmachen! Wir haben rote Umschläge mit Geld!« Das ist hier so Sitte. Wie alles andere, was jetzt folgt. Erst nach einigen Minuten Hinhalten geben die Freundinnen der Braut, die drinnen mit ihr warten, dem Werben der Männer nach und öffnen die Haustür. Diese stürmen johlend hinein. Vor dem Zimmer der Braut wiederholt sich die Prozedur. »Darf ich hineinkommen?«, fragt der Bräutigam. »Auf die Knie!«, fordert die Braut durch die geschlossene Zimmertür. Er gehorcht ihr auf der Stelle und fleht: »Ehefrau, bitte gehe mit mir. Ich überlasse dir dann meine Bankkarten.« Hier dreht sich eben alles ums Geld. Als sie immer noch nicht öffnet, legt er nach: »Kein Problem, ich gebe dir weitere Geldumschläge.« – »Ich will zehn Stück!«, keift die Stimme von innen. »Zehn, na gut. Ich überreiche dir den Wert von 88 Umschlägen, ja von 99 Umschlägen!«

Das sind Glückszahlen in China. Sie wirken, die Tür zum Schlafzimmer der Braut öffnet sich. Aberglaube ist in China stark verbreitet, obwohl bereits Konfuzius dagegen wetterte. Gegen Geld aber hatte der weise Mann nichts einzuwenden: »*Reichtum und Ansehen – das wünschen sich die Menschen.*« Er fügte allerdings hinzu: »*Kann man jedoch nicht auf anständige Weise dazu gelangen, dann soll man sich weder um das eine noch um das andere bemühen.«* Für ihn gehörten wirtschaftlicher Erfolg und edle Moral zusammen. Bildhaft sagte er: »*Ein edles Rassepferd schätzt man nicht nur wegen seiner Kraft.«*

Die Braut, sie heißt Zhang Lei, sitzt im weißen Hochzeitskleid auf dem Bett. Daneben drängen sich auch schon mehrere Fotografen und Kameramänner, blitzen und filmen. Schließlich sollen Hochzeitsalbum und -DVD den bewegenden Augenblick aus mehreren Perspektiven zeigen. Selbst bei intimsten Momenten führen die Kameraleute Regie. »Alles vorbereitet, fangen Sie an!«, sagt einer von ihnen. Darauf geht Wang Weijian vor Zhang Lei auf die Knie, streckt ihr einen kleinen bunten Blumenstrauß entgegen und sagt: »Ehefrau, komm mit mir nach Hause. Ich werde dich immer lieben, für dich sorgen. In deinen schwersten Momenten werde ich dich trösten. All mein Geld werde ich für dich ausgeben.« Weise lächelnd antwortet sie: »Dann streng dich an, mehr Geld zu verdienen.« Danach trägt der Bräutigam die Braut über die Türschwelle. Er arbeitet für eine Airline als Sicherheitsbegleiter an Bord, sie ist Stewardess. Damit gehört das Paar zum neuen Mittelstand in der Mega-Metropole.

Die größte Stadt der Erde liegt sowohl in der Ersten als auch in der Dritten Welt. Der junge Architekturprofessor Chen Gang zieht mit einem Dutzend Studenten durch eines der armen Viertel. Seit Jahren schon pflegt er diesen praktischen Unterricht vor Ort. Weil Chongqing inmitten von Bergen liegt, nennt er die Exkursionen »Kletternder Wurm«. Meterlange Risse durchziehen den Straßenbelag, an vielen Stellen quillt Schotter heraus. Die Treppen, die den Hang hinaufführen, sind von Müllhaufen bedeckt. Es stinkt nach Urin und Verwesung. Ein Mann in einer verwaschenen dunkelgrauen Jeansjacke schimpft: »Die Volksregierung kümmert sich nicht um das Volk.« Derlei erlebt man in China heute immer öfter, viele Menschen haben keine Angst mehr, öffentlich ihren Ärger auszudrücken.

Dem Professor und seinen angehenden Architekten dient das Elend vor allem zu Studienzwecken, sie wollen es besichtigen, bevor es zu spät ist. »Schauen Sie auf diese Häuser«, sagt Professor Chen. »Vieles davon ist schon platt gewalzt. Auch die anderen werden alle abgerissen.« Auf Hauswände ist das Schriftzeichen *chai* gemalt, das »abreißen« bedeutet – als Hinweis für die Rollkommandos, welche der Häuser demoliert werden sollen, um Platz für Neues zu schaffen.

Die 15- bis 20-stöckigen Hochhäuser nebenan zeigen, wie es hier bald überall aussehen wird. »Chinesische Städte verändern sich täglich, ihre Bevölkerung wächst schnell«, meint Chen Gang. »In Europa bleibt die Einwohnerzahl relativ stabil. Deshalb muss dort nicht so viel Neues gebaut werden. Chongqing heute lässt sich vergleichen mit London oder Paris früher, die haben sich alle so entwickelt. Erst waren sie klein, und dann kamen viele Leute von außen rein.« Doch hohe Mieten werden Altstadtbewohner in die Vororte drängen. In Chinas Sozialismus sind nicht alle gleich.

»Fünf – vier – drei – zwei – eins«, zählt langsam eine Mitarbeiterin des Hochzeitsunternehmens im Festsaal des *Carlton Hotels*, sie führt hier Regie, trägt eine graue Uniform, weiße Handschuhe und hat ein Walkie-Talkie umgebunden. Mit dem Ende des Countdowns verbeugt sie sich – der offizielle Teil der Hochzeit von Wang Weijian und Zhang Lei kann beginnen. Zwei Tänzerinnen in roten Minikleidchen und hochhackigen weißen Stiefeln stürmen auf die Bühne, synchron legt jede von ihnen eine Violine unters Kinn und streicht mit dem Bogen die Saiten zur Playbackmusik.

Solche professionell organisierten Feiern sind in China üblich – in Chongqing sowieso. Wer es sich leisten kann, zeigt das hier gern. »Die Hochzeiten werden immer großartiger«, sagt Tong Enhui, die Mitarbeiterin der Hochzeitsfirma. »Die Kunden geben immer mehr Geld dafür aus.«

Zu schmalziger Musik öffnet sich der Bühnenhintergrund, wie ein Superstar tritt der Bräutigam heraus. Die Braut stöckelt von der gegenüberliegenden Seite durch einen Torbogen. Heiraten in einer aufstrebenden Stadt. Wie eine TV-Show wird die Feier auch von einem Kamerakran aus aufgezeichnet – fürs elektronische Familienalbum. 300 Verwandte, Freunde und Kollegen sitzen um runde Esstische, erleben die großen Gefühle live. Die Eheringe kommen mit ferngesteuerten Spielzeughubschraubern angeflogen. Liebe geht hier durch das Bankkonto – sofern es voll ist. Das gilt in der größten Stadt der Erde aber längst nicht für alle.

Ausgang des Chaotianmen-Markts: Ein alter Mann in hellgrauer Jacke balanciert eine Bambusstange. Am einen Ende baumelt ein prall gefüllter Sack mit Mickymaus-Muster, der offensichtlich Einkäufe vom Markt enthält, am anderen Ende eine Reisetasche mit den Utensilien des Herrn im Dauergespräch am Handy, der hinter dem Lastenträger hergeht. Lastenträger warten in Chongqing vor Kaufhäusern und Bahnhöfen auf Kunden. Wegen ihres Arbeitsinstruments heißen die etwa 100 000 Lastenschlepper hier *bangbang*, »Stockstock«.

Der Kunde ist ein Kleinhändler vom Land, der sich auf dem Markt mit Spielzeug eingedeckt hat. Er spricht nicht gern. Was kostet ihn dieser Service? »Ein paar Yuan.« Wie findet er das? »Sehr praktisch.« Nutzt er die Lastenträger oft? »Ja, sehr oft.« Der Lastenträger, sein Name ist Liu, sagt, für den Job bekomme er 20 Yuan. Im Monat schaffe er im Schnitt 2000 Yuan, umgerechnet etwas mehr als 200 Euro. Gewöhnlich trage er Lasten, die zwischen 50 und 100 Kilogramm schwer sind.

Körperlich weniger anstrengend und in deutlich gediegenerem

Ambiente arbeitet Coco, die wir in der Haifischbar kennengelernt haben. In einem ruhigen, idyllischen Park liegt die Werbeagentur, die sie gemeinsam mit ihrem Mann betreibt. Das einstöckige, im traditionellen chinesischen Stil gebaute Gebäude grenzt direkt an einen Teich, rote Pfeiler tragen ein Vordach. Drinnen ist jedes Detail sorgfältig gestaltet. Die Innenwand mit ihren unebenen Steinen gleicht einer historischen Mauer, der Boden glänzt in edlem Parkett. Kakteen und Babyfotos schmücken die Computertische. 20 Kaufleute und Designer sind bei Coco angestellt. Die Geschäfte laufen gut, die Mitarbeiter gehören zu den erfolgreichen jungen Stadtbewohnern. Gerade ist die Firma in diese bessere Lage umgezogen.

Coco ist in Chongqing bestens vernetzt und schon länger im Luxus-Business tätig. Früher beriet sie Marken wie Armani und Chanel. Aus ihrem Computer klingt der Sopran einer Sängerin, der Monitor zeigt Sonnenblumen, Wiesen und Kornfelder. »Das ist ein Werbeclip, den wir für eine Immobilienfirma entworfen haben«, sagt Coco. Ihre Agentur betreut inzwischen vorwiegend Kunden aus der Immobilienbranche. Coco lächelt: »Die Wohnungspreise sind jetzt hoch. Und sie gehen weiter nach oben. Das ist gut für unser Geschäft.« Die Immobilienpreise in Chongqing steigen um 6 Prozent – pro Monat. Coco und ihr Mann profitieren davon.

Auch die angehenden Architekten hoffen auf florierenden Hausbau. Sie haben einen Bus angemietet, denn bei ihren Exkursionen durch die Riesenmetropole müssen Professor Chen Gang und seine Studenten Hunderte von Kilometern zurücklegen. Ein Stopp ist der Aussichtspunkt, von dem aus man die Umrisse des Stadtkerns von Chongqing sieht, die an Manhattan erinnern. »Achten Sie auf die Kontraste«, sagt Professor Chen den Studenten. »Hohe und kleinere Häuser sowie Grünflächen wurden hier gut ineinander verwoben.« Einigen der Studenten missfallen die Betonklötze am gegenüberliegenden Ufer des Jangtse. »Die passen nicht zur Umgebung«, kritisiert einer. Ein anderer entgegnet: »Aber das sind dringend benötigte Wohnungen. Wie unser altes chinesisches Sprichwort sagt: Reis ist für die Menschen wichtiger als Schönheit.« – »Nein«, widerspricht ihm eine Studentin. »Häuser sind nicht nur für ihre Bewohner gebaut, sondern auch für die Augen der Passanten.« Ein Streit, der angesichts der rasanten Entwicklung in Chongqing und ganz China tobt. Der Professor genießt die Auseinandersetzung, er lacht verschmitzt, ihn fordert das heraus. Er sagt: »Es ist das größte Glück, in dieser Stadt als Architekt zu arbeiten. Nirgendwo sonst auf der Erde hast du so viele Möglichkeiten, etwas zu erfinden und zu experimentieren.«

Das führt zu einem fröhlichen Durcheinander. Je nach Standort fühlt man sich hier in Peking, in New York oder in Bergisch Gladbach. In den Eingängen halb verfallener Häuser mit rußgeschwärzten Fassaden kauern alte Frauen auf Plastikhockern, verkaufen Kugelschreiber und Kaugummi – deutsche Tante-Emma-Läden wirken verglichen damit wie Supermärkte. Eine Straßenecke weiter funkeln Bürotürme, in der Nacht werden sie grün und rosa angestrahlt. Siedlungen mit Einfamilien- und Reihenhäusern an den Berghängen sehen aus, als sollten hier Seifenopern über das ruhige Leben in Europa gefilmt werden. »Zu Chongqing gehören Berge, Täler und Flüsse, das bietet uns Architekten interessante Möglichkeiten«, meint Chen Gang. »Vor allem aber wird sehr viel gebaut. Hier können wir unsere Ideen mit denen der zukünftigen Hausbewohner zusammenführen.«

Für Architekten gibt es in Chongqing mehr zu tun als sonst irgendwo auf der Welt. Täglich entstehen hier 137 000 Quadratmeter neuer Büro- und Wohnraum. Innerhalb von vier Jahren baute die Stadt acht Autobahnen, acht Zugstrecken und acht

Brücken. Ganze Stadtviertel werden abgerissen und durch Neubauten ersetzt. Halbe Fassaden sind eingebrochen, von vielen Häusern nur noch Trümmer geblieben. Im Distrikt Shapingba sehen manche Straßenzüge aus wie Berlin am Ende des Zweiten Weltkriegs. Daneben schnellen weiß und rot glänzende Hochhäuser aus dem Boden.

Weil die neuen Apartments aber teurer sind als die alten, verläuft die Abstimmung mit den bisherigen Bewohnern oft nicht so konfuzianisch-harmonisch, wie vom Architekturprofessor – und auch von der Regierung – gewünscht. Auch dies ist ein Grund, warum Chinas Führung die neuen Konflikte mit der alten Philosophie der Ordnung lösen will: Es verflüchtigt sich die Angst vor der Gewalt des Staats, welche die Chinesen unter Mao disziplinierte. Auch der in totalitären Zeiten anerzogene Reflex, Fremden nichts Schlechtes über das eigene Land zu erzählen, funktioniert längst nicht mehr überall. Im Gegenteil: Im Abrissviertel führt die Anwesenheit von ausländischen Reportern zu einem Menschenauflauf. Die Anwohner wollen ihrer Wut Luft machen und hoffen, kritische Berichte könnten ihre Lage verbessern. »Von wegen Entschädigung und neue Wohnung, nichts haben die uns gegeben!«, ruft eine Frau mittleren Alters, deren Bluse mit traditionellen chinesischen Drachenmustern bestickt ist. Ein Mann gestikuliert wild, er schreit: »Die haben unser Haus abgerissen, aber uns nicht entschädigt.« Die Frau schimpft weiter: »Die haben versprochen, uns 300 Yuan für den Quadratmeter zu geben, lächerlich wenig. Und das haben sie noch nicht einmal bezahlt. Auch unser Ackerland dort drüben haben sie uns weggenommen.« Auch hier stecken sich korrupte Funktionäre Entschädigungen in die eigene Tasche, die eigentlich den Hausbesitzern zustehen. Während immer mehr Anwohner zusammenströmen, ziehen Abrissarbeiter mit Schaufeln in der Hand vorbei.

Bei manchem freut man sich, wenn es abgerissen wird. An einer Eisenbahnbrücke über den Jialing ist ein ganzes Gebiet mit Gesteinsbrocken bedeckt, man fühlt sich an Bilder vom Mars erinnert. Nur ein gelber Sack mit der Aufschrift »Chongqing Fabrik für Chemie und Pestizide« deutet darauf hin, dass hier hochgiftige Stoffe produziert wurden.

Hier hat sich Professor Wu Dengming von der Grünen Freiwilligen Liga engagiert, der Kritiker des Dreischluchtendamms. Er zeigt auf den Fluss: »Das kontaminierte Wasser wurde ungeklärt in den Jialing geleitet. Hier starben alle Fische.«

Chongqing gehörte bisher zu den zehn am meisten verschmutzten Städten der Erde. Doch auch in China wächst heute der Protest gegen die Zerstörung der Natur. Der Professor sammelte Anhänger, sprach mit Politikern. Anders als westliche Bürgerinitiativen suchte er dabei nicht die Konfrontation, sondern das vertrauensvolle und harmonische Gespräch mit den Machthabern, abermals im Einklang mit Konfuzius: »*Wenn Konfuzius bei Audienzen am Hofe mit zweitrangigen Amtsträgern sprach, hatte er einen ungezwungenen Ton. Im Gespräch mit hohen Amtsträgern verhielt er sich besonders höflich. In Anwesenheit des Herrschers war er voll Ehrfurcht und angemessener Würde.*«

Nach langem Bemühen erzielte Umweltschützer Wu einen Erfolg: »Was Sie hier sehen, sind die Überreste der Chemiefabrik. Durch die gemeinsamen Anstrengungen unserer Grünen Freiwilligen Liga mit der Regierung erreichten wir ihren Abriss. Sie wurde 300 Kilometer von Chongqing entfernt wieder aufgebaut, aber mit den modernsten Kläranlagen.« Eine Kläranlage steht jetzt auch hier – um das Gift im Grundwasser zu reinigen, das jeder Regen hochspült.

Als Symbol für das neue Chongqing, das angestrebt wird, leuchtet Hongyadong, der längliche Mega-Kasten in der Mega-Metropole. Hier soll die neue Zivilisation gedeihen, wie Konfuzius sie einst im Staate Lu einführte. Über elf Stockwerke, durch Restaurants und Einkaufsgassen, schieben sich an manchen Tagen 80 000 Besucher. Holzpfeiler und -dächer oder auch die roten Lampions geben einem das Gefühl, im China von vor ein paar Jahrhunderten zu flanieren. Ein künstlicher Wasserfall erinnert jedoch daran, dass man sich im China von heute befindet. Man muss kein Feng-Shui-Experte sein, um zu erkennen, wie großartig der Prachtbau liegt: Er schmiegt sich an einen Berghang und blickt aufs Wasser, und zwar ganz nahe der Stelle, an der die Flüsse Jangtse und Jialing zusammenfließen.

In den Restaurants hier ist der Kunde nicht König, sondern Kaiser. Er wird umschmeichelt und zum Platz geführt von Managerinnen in schwarzem Anzug oder von Empfangsdamen, gekleidet im traditionellen, an der Seite geschlitzten *Qipao (Cheongsam)* aus feiner Seide. Alle Mitarbeiterinnen tragen einen Knopf im Ohr und sind so über Walkie-Talkie miteinander verbunden. In diesen Hallen verkauft sich am besten das Leibgericht der Bewohner von Chongqing – *huoguo*, wörtlich »Feuertopf«, oft mit dem englischen Ausdruck *hot pot* übersetzt. Das Essen kocht auf dem Tisch des Gastes: wie ein Fondue, aber garantiert ohne Käse. Ansonsten wird fast alles in die scharfe Brühe geworfen, von Lotuspflanzen bis zu Entendarm, Kuhmagen und Schweinenieren; immer nach dem Motto: Der Südchinese isst alles mit vier Beinen, das kein Tisch ist, alles, was schwimmt, das kein Schiff ist, und alles, was fliegt, das kein Flugzeug ist. In den Kesseln dampfen Chilischoten mit etwas Wasser durchmischt.

Der Essens- und Einkaufspalast gehört He Yongzhi, einer Multimillionärin, in China bekannt als die »Feuertopfkönigin«: Sie eröffnete ihr erstes Restaurant mit drei Töpfen auf 16 Quadratmetern. Jetzt besitzt sie 300 Feuertopf-Restaurants in der ganzen Welt, darunter in den USA, Kanada und Australien. Mit ihrer Dauerwelle und ohne weiße Strähne im dunkelbraunen Haar wirkt sie jünger als die 58 Jahre, die sie alt ist. Heute trägt sie Nadelstreifenanzug und einen bunten Seidenschal. Auch sie demonstriert Nähe zum Herrscher, auch sie ließ an den Eingang ihres Hauptrestaurants ein riesiges Foto hängen, das sie gemeinsam mit Präsident Hu Jintao zeigt. Sie engagiert sich als Abgeordnete im Nationalen Volkskongress. In den Gängen hier ist sie aber selbst die Herrscherin. In konfuzianischer Ehrerbietung verbeugen sich die Mitarbeiterinnen und sagen im Chor: »Vorsitzende He, guten Tag!«

»Den Menschen in Chongqing gefällt scharfes und prickelndes Essen«, sagt He Yongzhi. »Das hängt mit dem Klima hier zusammen. Die Sonne scheint selten, es ist feucht. Deshalb essen Chongqinger von ihrer Kindheit an Chili. Bei den Frauen kommt hinzu: Chili ist gut für die Haut. Aber alle Leute in Chongqing, egal ob Frau oder Mann, mögen besonders scharfes und prickelndes Essen.« He Yongzhis Feuertopf-Kette »Kleiner Schwan« soll eine weltweit erfolgreiche Marke werden wie McDonald's oder Kentucky Fried Chicken. Deshalb achtet die Chefin streng auf Hygiene. In der Küche findet man nicht einen einzigen Fettfleck. In traditionellen Kitteln uniformierte Kellner stehen dort stramm, warten darauf, die Zutaten für den Feuertopf in den Gästesaal zu tragen.

Hauptgrund für He Yongzhis Erfolg ist neben ihrer Energie und Hartnäckigkeit ihre Weiterentwicklung des Feuertopfs, mit der sie den Siegeszug in ganz China und möglicherweise auch weltweit begründete. Der ursprüngliche Feuertopf ist selbst Liebhabern scharfer Küche viel zu scharf. Kaum jemand ist in Bezug auf Chili so abgehärtet wie die Einwohner von Chongqing. Zwar ist der Markt der größten Stadt schon groß. Um aber darüber hinaus zu expandieren, fand die Feuertopfkönigin eine Lösung. »Leute aus anderen Städten bekommen es bei dieser roten Soße mit der Angst zu tun«, erklärt sie. »Dann kam mir eine Idee: einen Feuertopf mit zwei Hälften anzubieten, einer scharfen und einer weniger scharfen. So hat sich der Feuertopf weiterentwickelt und erobert von Chongqing aus andere Städte und die ganze Welt.«

Die Restaurant- und Immobilienbesitzerin He Yongzhi und der Taxifahrer He Kun haben denselben Familiennamen. Dieser steht in China immer an erster Stelle, was die amerikanisch-chinesische Autorin Helen Wang auf die Bedeutung zurückführt, die Konfuzius der Familie beigemessen hat: *»Ehrfurcht gegenüber den Eltern und Achtung gegenüber den älteren Brüdern – das sind die Wurzeln der Sittlichkeit.«*

Fahrer He träumt davon, einmal solchen Erfolg zu haben wie seine Namensvetterin. Er fährt vorbei an Kränen. Baustelle reiht sich an Baustelle. In Chongqing wird alles neu. Der Taxifahrer sagt: »Ich denke ständig über die Zukunft nach. Mein Heimatdorf hat eine Besonderheit, es liegt sehr hoch in den Bergen. Das Fleisch und das Gemüse von dort sind sehr sauber und gesund, man kann sie als Bioprodukte bezeichnen. Ich möchte später ein Restaurant aufmachen, in dem dieses Essen angeboten wird.«

Taxifahrten sind in China relativ günstig. So sind sie das Verkehrsmittel des Mittelstands, dem der Bus zu unbequem, ein eigenes Auto aber zu teuer ist. Die Besitzer der Werbeagentur, Coco und ihr Mann, würden niemals ein Taxi benutzen. Aus ihrer Sicht ist das etwas für arme Leute. Er fährt einen Mercedes der M-Klasse, sie einen Toyota Camry – purer Luxus in China. Das Konzept der Fahrgemeinschaft ist dem Erfolgspärchen nicht bekannt. Obwohl sie am selben Ort arbeiten, fahren sie getrennt nach Hause. Während einer solchen Fahrt meint Coco: »In 20 Jahren wird Chongqing so fortgeschritten sein wie Shanghai und andere moderne Städte der Welt.« Welcher Stadt wird es am meisten ähneln? »Schwer zu sagen – wohl New York!«

Wie in New York werden es manche nach ganz oben schaffen, wogegen andere ganz unten bleiben. Der »Bangbang« Liu, der mit seiner Bambusstange Lasten trägt, spürt täglich, zu welcher Kategorie er gehört. Er muss seinem Kunden in den Bus folgen und schleppt dessen Taschen zum Hauptbahnhof. Für die fast einstündige Schwerstarbeit erhält Liu umgerechnet etwa zwei Euro. Auch Coco nutzte früher die Lastenträger. Das war, als es ihr noch nicht so gut ging wie heute. »Jetzt shoppe ich in Hongkong und Taiwan«, sagt sie. »Um teurere Sachen zu kaufen, fliege ich nach Singapur.«

Die Einkommensunterschiede werden immer größer. Auch die Architektur entspricht den Klassen dieser in der politischen Theorie zukünftig klassenlosen Gesellschaft. Lastenträger Liu lebt in der zwölften Etage eines Wohnblocks, er kriecht die Treppen hoch, einen Lift gibt es nicht. Außenwände und Flurböden sind aus kahlem Beton. In der Ferne kann er von seinem Treppenhaus aus eine gläserne Skulptur erblicken, deren Form einem Schiff gleicht, Spiegelungen erzeugen surreale Lichtreflexe: das Grand Theatre, ein Werk der Hamburger Stararchitekten von Gerkan und Marg.

Werbeunternehmerin Coco besitzt gleich mehrere Wohnungen in der Stadt. Parkplatzsuche ist ein Problem, das sie nur aus dem fernen Europa kennt. Wo sie lebt und arbeitet, kauft sie sich jeweils einen bewachten Stellplatz. Auch das Apartmenthochhaus, das sie jetzt anfährt, verfügt über eine Tiefgarage. Coco stoppt vor dem Wächterhäuschen an der Einfahrt, öffnet das Fenster und sagt: »Ich habe die Verwaltungsgebühr für diesen Monat noch nicht bezahlt.« – »Macht nichts, dann zahlen Sie halt später«, sagt die Parkwächterin, die einen gescheckten Tarnanzug trägt.

»Als ich den Parkplatz gekauft habe, war er noch billig. Er kostete umgerechnet 6000 Euro«, verrät Coco ihre Größenmaßstäbe. »Jetzt wäre er viel teurer.« Auch Apartments sind für Coco und ihren Mann vor allem eine Geldanlage. Wie sich bald herausstellen wird, wohnen sie in dem Apartment, das wir jetzt mit dem Lift ansteuern, gar nicht selbst – und sie vermieten es auch nicht.

Bei Lastenträger Liu ist es genau umgekehrt: Er wohnt mit seiner Familie zur Miete – aber nicht allein. Den zweiten Raum ihrer Zweizimmerwohnung haben sie an einen Fremden vermietet. In ihrem eigenen Raum ist der Beton genauso kahl wie das Wohnsilo von außen. Mit einer Bastwand und Handtüchern, die an einer Wäscheleine hängen, haben sie ein Bett abgetrennt. »Das ist das Schlafzimmer von meiner Frau und mir«, erklärt Liu. »Sehr einfach, nicht wahr?« Direkt daneben findet sich die gleiche Konstruktion noch einmal, dort schläft seine Tochter.

Die Lius haben ein paar Stühle und Kommoden, Herd, Kühlschrank und Küchentisch, eine Hocktoilette, wie sie in China bisher üblich war. Alles ist relativ. Ihnen geht es gut – verglichen mit den Bewohnern von Slums in Ländern, die unter ähnlichen Voraussetzungen starteten wie China. Im innerstädtischen Vergleich der Mega-Metropole sind diese Lebensbedingungen aber schon wieder schlecht. In Chongqing sind heute manche sehr reich, manche sehr arm.

Wie findet der Lastenträger das? »Das ist die Entwicklung der Gesellschaft«, antwortet er. »Wie überall: Den Gutsituierten geht es gut, den Verlorenen schlecht. Im Schnitt leben wir heute aber alle viel besser als früher.«

Coco und ihr Mann plaudern auf dem geräumigen Balkon der Wohnung, in die sie uns gerade geführt haben. Sie blicken auf die Skyline des modernen Chongqing. »Unser Gebäude ist von einem der renommiertesten Immobilienunternehmen in China errichtet worden«, sagt Coco. »Dort gegenüber ist eine der herausragenden Schulen von Chongqing. Bei den Vergleichstests erzielte sie immer die besten Ergebnisse. Und wenn man hier wohnt, zahlt man verminderte Schulgebühren.«

Es klingelt an der Tür. Die Hauptbewohnerin dieses Apartments kommt, Cocos dreijährige Tochter. Sie heißt Claire. Ausländische Namen, zusätzlich zum chinesischen, sind in China en vogue. Begleitet wird Claire von ihrer Oma, die ständig für die Kleine sorgt. Coco, so stellt sich nun heraus, hat diese Wohnung für ihre Eltern gekauft, und bei denen lebt Cocos Tochter normalerweise. »Wir sind zu sehr mit unserer Arbeit beschäftigt«, erläutert Coco. »Tagsüber haben wir keine Zeit, uns um das Kind zu kümmern. Mein Vater arbeitet noch, aber meine Mutter ist schon Rentnerin. Sie kocht, oft kommen auch wir abends zum Essen vorbei und üben ein bisschen mit dem Kind.«

Was da geübt wird, davon bietet die kleine Claire eine Kostprobe. Sie tanzt zu einem Sprechgesang: »Ich bin wirklich gut. Ich bin noch klein, aber mein Ehrgeiz ist groß. Mama sagt: Ich bin ein gutes Kind. Papa sagt: Ich bin die Fleißigste. Seht nur, ich bin die Beste.« Getreu nach Konfuzius: *»Von Geburt an Wissen haben – das ist die höchste Stufe.«* Claire ist ein Kind, angespornt von einer Tigermutter, einer Tigergroßmutter und Tiger-Erzieherinnen, das Ziel ist immer der Sieg. Den fordert in China nicht nur die Familie, sondern auch der Staat. Aus dem gleichzeitig laufenden Breitbildfernseher rieselt Dauerpropaganda: Chinesen im Weltall, Jungpioniere und Stahlarbeiter mit geballter Faust, revolutionäre Kämpfer während des Bürgerkriegs.

Chongqing ist diesbezüglich extrem: Der lokale Parteichef Bo Xilai hat Werbung im lokalen Fernsehen verboten und lässt in den Pausen stattdessen kommunistische Erbauungslieder singen, um so die Solidarität der Menschen untereinander zu fördern. Eine ganze Bewegung hat er dafür ins Leben gerufen, Zehntausende plärren in Parks rote Kampfgesänge. Ob er sich dabei von Konfuzius inspirieren ließ? Der hatte gesagt: *»Die Lieder regen an, sie schärfen den Blick, stärken den Gemeinschaftssinn* *und sind hilfreich bei Kummer und Unzufriedenheit.«* In anderen Teilen Chinas wird der Chongqinger KP-Chef dafür allerdings belächelt. Die in Guangzhou erscheinende Zeitung *Südliches Wochenende*, bekannt für ihre kritischen Berichte, spottete: »Was die ›Therapie durch rote Lieder‹ bei psychisch Kranken betrifft, so haben sich die Erfolgsmeldungen auch schon als übertrieben oder falsch herausgestellt.«

13 Millionen SMS mit Zitaten von Mao schickte Bo Xilai in den letzten Jahren an die Bürger Chongqings. Er gehört dem Politbüro an. Ihm werden große Ambitionen nachgesagt, die er durch den roten Kult befördern wolle. Er ist Sohn des Revolutionsführers Bo Yibo. Auch diese Kampagne zeigt die Widersprüche im neuen China: Der Chongqinger Parteichef lässt Loblieder auf Mao singen – doch er selbst saß unter Mao fünf Jahre im Gefängnis und musste weitere fünf Jahre Zwangsarbeit leisten, weil sein Vater zu den Rivalen des »Großen Vorsitzenden« gehörte. Der Vater selbst wurde während der Kulturrevolution gefoltert, die Mutter von Rotgardisten erschlagen. Sollte es dem von Konfuzius empfohlenen Betragen entsprechen, Konflikte um der Harmonie willen nicht offen auszutragen, dann ist Chongqings KP-Chef ein Meister darin.

Vielleicht braucht es solche Eigenschaften, um es an die Spitze der größten Stadt der Erde zu bringen. Sie ist im Zeitraffertempo gewachsen und ein Ende nicht abzusehen. Chongqing, eine Stadt mit 32 Millionen Einwohnern – und einem komplizierten Namen. Es hilft nichts: Man wird ihn sich merken müssen.

Chinas sexuelle Revolution

Hinter der Glasvitrine steht ein Tongefäß, verziert mit Darstellungen von Klitoris und Vagina – 3000 Jahre vor unserer Zeitrechnung. Ein Jahrtausend später, also auch noch 2000 Jahre vor Christus, entstanden Phallusse aus Jade und Stein, die gleich daneben zu besichtigen sind. Ein Gemälde aus dem 16. Jahrhundert nach Christus zeigt ein junges Mädchen, das seinen lesenden Liebhaber im Garten stimuliert. Ein vergoldeter Buddha hat Geschlechtsverkehr mit einer Frau, die auf seinem Schoß sitzt, die Statuette stammt aus dem 17. Jahrhundert. Öffnet man eine Melone, sieht man ein Paar, das es beim Baden miteinander treibt – das Porzellanstück gehörte im 19. Jahrhundert zur Mitgift der Braut, so sollte sie ihre ehelichen Pflichten und Freuden kennenlernen.

In fast allen Epochen seiner Geschichte war China freizügiger als der Westen. Von der Periode, die mit der Revolution 1949 begann, lässt sich das allerdings nicht behaupten. Das maoistisch-stalinistische System wollte, wie sein Vorbild, die Sowjetunion, kommunistische Parteisoldaten, keine lustbetonten Menschen. Das ist auch der Grund dafür, warum das Sexmuseum von Shanghai, in dem all diese Kunstgegenstände zu sehen sind, nicht mehr in der Metropole selbst liegt. Auf Druck der Behörden musste es in die 80 Kilometer entfernte Wasserstadt Tongli umziehen, ein kleines Venedig des Ostens.

Liu Dalin, Soziologieprofessor, Sexualwissenschaftler und Gründer des Museums, verweist auf das weibliche Prinzip des Yin und das männliche Prinzip des Yang in der altchinesischen Philosophie und Medizin. Auf ihnen beruht das ganze Universum. Und sie müssen in Harmonie zusammengeführt werden. »Vereinigung von Yin und Yang bedeutet gleichzeitig Geschlechtsverkehr«, sagt Professor Liu, »deshalb war Sex in China positiv belegt, anders als im Christentum.« So trieben es Bäuerinnen und Bauern auf ihren Äckern miteinander, weil sie glaubten, dies beschere ihnen reiche Ernten. Beim Bau verwendeten Chinesen »weibliche« und »männliche« Ziegel, die wie Penis und Vagina ineinanderpassen. Erst während der Song-Dynastie (960–1279) sei mit politischer Unterdrückung auch eine repressive Sexualmoral entstanden.

»Essen und Beischlaf sind die beiden großen Begierden des Mannes«, soll Konfuzius gesagt haben. Gemeinsam mit dem führenden deutschen Sexualwissenschaftler Professor Erwin J. Haeberle hat Liu Dalin ein Buch über 5000 Jahre Sexualkultur in China verfasst, *Die Harmonie von Yin und Yang*. Darin schreiben sie: »Konfuzius lag vor allem am Aufbau und der Erhaltung einer guten und gerechten Gesellschaft durch ein System gegenseitiger, fein abgestufter Verpflichtung. Die persönliche Erfüllung des Einzelnen war demgegenüber zweitrangig und hatte sich jedenfalls innerhalb der vorgegebenen Strukturen zu verwirklichen. Er bejahte aber das sexuelle Verlangen und hielt dessen Befriedigung für ebenso natürlich und notwendig wie die Nahrungsaufnahme. Er forderte lediglich, dass das Sexualleben in den Rahmen der herrschenden Gesellschaftsordnung harmonisch eingebettet bleiben sollte. Nur die späteren sogenannten Neokonfuzianer entwickelten eine repressive, an die englischen und amerikanischen Puritaner erinnernde Prüderie.«

Während die Christen im Westen den Sex auf die Zeugung von Kindern beschränken wollten, hielten die Chinesen ihn einfach für gesund. Jahrtausende vor dem Feminismus dachten sie dabei auch an die Lust der Frau, deren Orgasmus sogar am wichtigsten für das Wohl von beiden Partnern sei. Wie ein moderner Erotikratgeber liest sich ein chinesischer Text, der in einer Grabstätte aus dem Jahr 168 vor Christus gefunden wurde – »Sieben Verluste und acht Vorteile«, nicht zu verwechseln mit »Acht Ehren und acht Schanden«, der Morallehre von KP-Chef Hu Jintao: »Vor dem Koitus darfst du mit dem Vorspiel nicht aufhören, bis sie bereit zum Eindringen ist. Das Prinzip heißt: Warten auf den rechten Augenblick. Warte und lasse dein Glied größer und härter werden. Dieses Prinzip heißt: Lebensenergie ansammeln. Dringe langsam ein und bleibe in Übereinstimmung mit deiner Partnerin. Das Prinzip heißt: Harmonie des Mannes mit der Frau.«

Auch zu diesen Wurzeln kehrt China jetzt zurück – und vermischt sie mit westlichen Einflüssen. »5th Avenue Hochzeitstraumfabrik« steht über dem schicken Geschäft in der nordostchinesischen Provinzstadt Qinhuangdao. Drinnen streicht der Fotograf Zhang Xulong, 39, über die nackte Brust von Liu Hui, 25, nimmt ihre Hand und legt sie ihr vorsichtig auf die entblößte Scham. Korrigiert noch etwas, bis die Pose sitzt. Um direkten Körperkontakt zu vermeiden, trägt der Fotograf weiße Handschuhe. Liu, sie besitzt einen Supermarkt, lässt die Nacktfotos nicht für einen Bräutigam machen, sondern für sich, möchte »einfach nur sich selbst ausdrücken«.

»Nacktaufnahmen sind bei uns noch verboten«, sagt der Fotograf, »deshalb nennen wir das ›Körperfotografie mit chinesischen Besonderheiten‹.« Eine Anspielung auf Parolen der Regierung, die vom »Sozialismus mit chinesischen Besonderheiten« spricht. Liu blickt lüstern, rekelt sich vor einer roten

Holzbank im Stil der Tang-Dynastie (618–907). Der Fotograf trägt ein blau gestreiftes Hemd mit gestärktem, weißem Kragen und Manschettenknöpfen sowie Krawatte, er pflegt sein Image als Künstler. »Manche Frauen zahlen mir 30 000 Yuan für solche Bilder«, sagt er. Das sind umgerechnet knapp 3000 Euro, mehr als ein durchschnittliches Jahresgehalt in China.

Fotograf Zhang gilt als einer der Besten seiner Zunft – und als einer der Protagonisten der sexuellen Revolution in China. Für die steht auch Mu Zimei, studierte Philosophin. Ihre wilden Haarsträhnen hängen ihr ins Gesicht. Als wir sie treffen, ist sie gerade 26 Jahre alt geworden und aus dem Süden in die Hauptstadt Peking gezogen. In ihrer neuen Mietwohnung im Studentenviertel Haidian hat sie die Einrichtung auf das Wesentliche reduziert: eine Matratze, einen Laptop und eine angebrochene Großpackung Kondome. »Mehr brauche ich nicht zum Leben«, sagt sie mit frechem Lachen und verführerischem Augenaufschlag. »Ich habe One-Night-Stands, schreibe darüber und stelle die Texte ins Internet.« Das erste Mal hatte sie Sex mit 21. Diesen Rückstand glich sie in den folgenden fünf Jahren aus. »Beim hundertsten Mann habe ich aufgehört zu zählen«, sagt sie. »Männer sind für mich wie CDs. Ich lege die auf, auf die ich gerade Lust habe. Ich nehme mir die Freiheit, ich entscheide, mit wem ich wann ins Bett gehe.« Wobei »Bett« für alles Mögliche stehen kann. »Einmal trieb ich es mit einem Freund im Taxi. Es war früh am Morgen. Ich ritt auf ihm und genoss den Sonnenaufgang.« Ein anderes Mal hatte sie Sex in einer Kneipe. »Einige Gäste fühlten sich gestört und wechselten das Lokal. Die übrigen Männer nutzten die Gelegenheit zum Gratis-Quickie, einige Frauen schauten zu.«

Die Regierung hat Mu Zimeis Buch *Asche der Liebe* (auf Deutsch erschienen unter dem Titel *Mein intimes Tagebuch*) verboten, doch waren Raubkopien nach dem Erscheinen auf jeder Fußgängerbrücke zu kaufen. An manchen Tagen klickten zehn

Millionen Nutzer ihr Internettagebuch an. Im populären Internetportal *sohu.com* wurde ihr Name zum am häufigsten eingegebenen Suchbegriff.

Mu Zimei ist Avantgardistin, ihre Freizügigkeit nicht die neue Norm, aber auch kein Einzelfall. »Das Internet spielt heute in China eine wichtige Rolle beim Einfädeln von One-Night-Stands«, sagt Li Yinhe von der Akademie für Sozialwissenschaften, die das Liebesleben ihrer Landsleute untersucht. »Bei meiner Befragung Anfang der 1980er-Jahre hatten nur 15 Prozent Sex vor der Ehe. Heute geben mehr als 80 Prozent vorehelichen Sex zu.« Bis vor einigen Jahren lebten junge Paare in China in der Wohnung der Eltern des Manns – natürlich erst nach der Hochzeit. Heute nehmen sie sich eine eigene Wohnung, egal, ob sie verheiratet sind oder nicht, vorausgesetzt, sie können sich das leisten.

Der Pekinger Webdesigner Li Peng, 27, und seine Freundin, die Fotografin Xiong Xin, 26, wohnen seit drei Jahren zusammen. »Er sang beim Nationalen Barsänger-Wettbewerb, wo ich fotografiert habe«, erinnert sich Xiong an ihre erste Begegnung. »Er schleppte mich ab. Zunächst ging es in unserer Beziehung nur um Sex, ich hatte zu der Zeit sogar noch einen anderen Freund. Unsere Liebe entwickelte sich erst später.« Li ist der dritte Mann, mit dem Xiong geschlafen hat, sie ist seine elfte Partnerin. Darüber zu sprechen wäre früher noch ungeheuerlicher gewesen als der Fakt selbst. »Vielleicht werde ich eines Tages heiraten, um meine Eltern zu beruhigen«, sagt die junge Pekingerin. »Für meine Sicherheit brauche ich das nicht.«

Von der Hochhauswohnung des jungen Paares bis zur Hütte von Opa Qi und Oma Yang fährt man 190 Kilometer. Es ist eine Fahrt von der Ära des Internets zurück ins Mittelalter. Gestützt auf einen Stock, humpelt die Großmutter aus ihrem unverputzten Zementbau im 80 Einwohner zählenden Dorf

Beigoumen. Als sie 13 war, wurden ihr ihre Zehen unter die Fußsohlen gebunden, bis die Knochen brachen. Die Füße bluteten und eierten, verklumpten unter den Bandagen. Frauen brauchen kleine Füße, so gebot es das Schönheitsideal. Auch konnten sich Ehefrauen mit verkrüppelten Füßen nicht allzu weit vom Haus ihres Mannes entfernen. Die Füße der Greisin sind so winzig wie die eines fünfjährigen Mädchens.

Die grausame und frauenfeindliche Tradition des Bindens von Mädchenfüßen war zu Zeiten des Konfuzius unbekannt. Auch sie verbreitete sich erst anderthalb Jahrtausende später in der Song-Dynastie, in der Frauen nichts galten und Sex verpönt war. Zwar forderten traditionelle Konfuzianer: Der Untertan muss dem Herrscher gehorchen, der Sohn dem Vater, die Frau dem Mann. Doch fast alle Chinesen und vor allem Chinesinnen, die man heute darauf anspricht, sagen: Die verlangte Unterordnung der Frau unter den Mann ist der damaligen Gesellschaft geschuldet und hat keine Bedeutung mehr für die Gegenwart. Diese Flexibilität zeigt den Vorteil einer Weltanschauung, die sich nicht auf Gottes Gebot beruft.

Als die jetzt 81-Jährige Oma Yang heiratete, ging es allerdings nicht so locker zu. Von ihrer Hochzeit hat sie nichts gesehen. Ein undurchsichtiges rotes Seidentuch verschleierte ihr Gesicht, als der Ochsenkarren sie ins 20 Kilometer entfernte Nachbardorf brachte. Über ihrem Bauch baumelte eine Flasche Schnaps, die sollte Reichtum bringen, an ihren Rücken war ein Spiegel gebunden, um die Geister abzuschrecken. Sie war 14, ihr Bräutigam 16, ein Onkel hatte die Ehe arrangiert. Zwei Tage feierten sie, futterten und soffen ohne Unterlass. Sie blieb im Dunkeln. Wie es Brauch war, lüpfte am zweiten Abend der Bräutigam ihren Schleier – erst wenige Minuten vor dem Geschlechtsverkehr sah sie ihren Mann zum ersten Mal. »Mein Eindruck von ihm?« Sie schaut verdutzt und schweigt. »Ihre Füße waren schön«, sagt er. Was passierte dann? »So etwas fragt man doch nicht!«, ruft einer ihrer Söhne dazwischen. Und die Liebe? Großvater Qi antwortet: »Daran haben wir damals nicht gedacht, wir arbeiteten auf dem Feld.«

»Als ich noch auf dem Land arbeitete, war ich erstaunt über das Treiben der Bauern«, sagt der Pekinger Sexualforscher Ma Xiaonian, »die Leute hatten keinen Strom und deshalb keinen Fernseher, Sex war die wichtigste Freizeitbeschäftigung.« In weißem Arztkittel empfängt der 60-Jährige Patienten in seiner Abteilung für Sexualmedizin der renommierten Tsinghua-Universität. Männer mit vorzeitigem Samenerguss suchen ihn ebenso auf wie schwangere Schulmädchen. Über seinem Schreibtisch hängt ein Kalender mit chinesischen Models für Reizwäsche neben einer Urkunde des American Board of Sexology. »Chinesen erfreuten sich immer am Sex, christliche Begriffe wie ›Sünde‹ sind bei uns unbekannt«, sagt er. »Sexshops und Bordelle haben wir mittlerweile mehr als jedes andere Land, aber Schriften zur Sexualaufklärung werden zensiert«, kritisiert Doktor Ma. Und die Leute hier scheuen sich, vor anderen zu reden. Per Internet befragte er deshalb im Jahr 2004 genau 31 482 chinesische Frauen und 61 864 Männer. Ergebnis: 47,4 Prozent der Ehemänner und 42,4 Prozent der Ehefrauen betrügen ihre Partner. »Leider erreichten wir nur die Stadtbevölkerung«, bedauert Ma. Auf dem Land, wo die Mehrheit der Chinesen lebt, hatte damals kaum jemand Internetanschluss. Der Umfrage zufolge halten sich 13,5 Prozent der Männer eine Geliebte. Oft zahlen sie der *ernai*, der »Zweitfrau«, den Lebensunterhalt und eine Wohnung. Sind sie reich, schenken sie ihr sogar ein Auto.

Wer im boomenden Shenzhen an der Grenze zu Hongkong ins Taxi steigt und als Fahrtziel *ernai cun* angibt, »Zweitfrauendorf«, wird ohne Rückfragen richtig befördert. Graue Wohnsilos ragen bis zu 30 Stockwerke hoch in den Himmel, der

Begriff Dorf bezieht sich auf die Herkunft der Mieterinnen, überwiegend arme Mädchen vom Land.

Chen Li, 30, kam vor sechs Jahren aus einem verarmten 7000-Einwohner-Kaff in der Provinz Sichuan nach Shenzhen. Ihre Geschichte gleicht denen ihrer Nachbarinnen: Zunächst nähte sie Kleider in einer stickigen Fabrikhalle, Monatslohn umgerechnet 70 Euro. Sie war nett zum 50-jährigen Hongkonger Abteilungsleiter, tröstete ihn, wenn er im Stress war, wusch ihm die Wäsche. Schon nach wenigen Monaten gab sie die Arbeit im Werk auf, er zahlt ihr seither umgerechnet 700 Euro pro Monat. Vorher hauste sie mit acht Kolleginnen in einem Wohnheimzimmer, jetzt lebt sie allein in der von ihm bezahlten Zweizimmerwohnung. DVD-Player, Goldfischaquarium und der volle Schminktisch sind die Insignien des Zweitfrauen-Wohlstands. Der Preis: Wenn er nicht gerade bei seiner Ehefrau und seinen beiden Kindern in Hongkong weilt, muss sie ihm jederzeit zu Diensten sein. »Ich habe keine Gefühle für ihn«, sagt Chen Li, ohne zu zögern. »Es geht mir nur um das Geld.«

Zweitfrauen, die verlassen werden, wandern oft in die Prostitution ab. Rotlichtviertel sind in China zwar verboten, aber in vielen Wohngebieten finden sich Bordelle, getarnt als Friseurläden, Massagesalons oder Karaoke-Klubs. Bevor es in Letzteren zum Sex kommt, wenn überhaupt, singen, flirten und schmusen die Gäste mit den *xiaojie*, den Karaoke-»Fräulein«. Der kanadische Konfuzius-Experte Daniel A. Bell, Philosophieprofessor an der Pekinger Tsinghua-Universität, sieht bei dieser chinesischen Form der Prostitution den Einfluss des Weisen: Nicht nur habe jener den Gesang hoch geschätzt, die (wenn auch zeitlich begrenzte) Fürsorge, die der Gast der jungen Frau gegenüber zeige, entspreche dem chinesischen Denken mehr, als direkt »zur Sache« zu kommen.

Das kann man andernorts in China aber auch. In der »Sonnenaufgangsstadt für Entspannung« etwa, einem von Hunderten Etablissements in Shenzhen, hat der Besitzer den Masseusen Nummern angesteckt. Die Frauen sind uniformiert, tragen sportliche weiße Polyesteranzüge. Sie treten vor den Freiern an, die per Fingerzeig ihre Wahl treffen.

Die 22-jährige Fei kommt aus einem 200-Einwohner-Dorf in Maos Heimatprovinz Hunan. Mit dem Job möchte sie ihre Eltern finanziell unterstützen, mittellose Bauern, die glauben, sie arbeite am Empfang eines Hotels. Sie musste ein einwöchiges Training machen und dann eine Prüfung absolvieren. Von 40 Kandidatinnen bestanden nur acht den Test. »Uns standen Männer zur Verfügung, die uns benoteten, nachdem wir sie befriedigt hatten«, kichert Fei. »Ich bin zuerst entsetzt rausgerannt, ich hatte so etwas noch nie gesehen. Aber sie haben mich dann zurückgeholt.«

Immer wieder verordnet Chinas Führung »Säuberungskampagnen«, in denen Polizisten Bordelle stürmen und die Mädchen anschließend öffentlich vorführen, vor Passanten, Pressefotografen und Fernsehteams. Doch auch in der Volksrepublik wird diese Praxis zunehmend kritisiert. Ye Haiyan, ehemalige Barfrau in einem Karaoke-Klub, schreibt in ihrem viel gelesenen Blog über dieses Thema. In Wuhan, Hauptstadt der Provinz Hubei, hat sie ein Büro gegründet, um Sexarbeiterinnen beim Kampf um ihre Rechte zu unterstützen. Sie fordert eine Legalisierung der Prostitution und wendet sich in Vorträgen direkt an die jungen Frauen. Ihre Reden beginnt sie immer so: »Danke für euren Beitrag zum Lindern sozialer Konflikte und zur Verminderung von sexuellen Übergriffen. Danke für eure Sorge um Wanderarbeiter und Sexsüchtige. Danke für euren Mut in einer rauen Arbeitsumgebung. Ihr habt die Unterhaltungsindustrie vorangetrieben und das Bruttosozialprodukt erhöht.«

Interessant daran ist, dass dieses Zitat im September 2011 von der KP-Zeitung *Global Times* wohlwollend angeführt wurde. Vielleicht weil es staatstragend und konfuzianisch klingt?

Konfuzius' Kinder kämpfen gegen Korruption

Acht Millionen Chinesen pilgern jährlich nach Qufu, in den Geburtsort von Konfuzius. Das sind 25-mal so viele wie vor 30 Jahren. Sie strömen in den Konfuzius-Tempel, in den bereits zwei Jahre nach dem Tod des Weisen sein nur drei Zimmer umfassendes Haus verwandelt wurde – in den zweieinhalb anschließenden Jahrtausenden ist ein ganzer Stadtteil daraus erwachsen. Von Norden nach Süden erstreckt er sich über 1,3 Kilometer, er bedeckt 22 Hektar. Zu ihm gehören 466 Hallen, Pavillons und Seitengemächer, 54 Tore sowie neun Vor- und Hinterhöfe. Gemeinsam mit der Verbotenen Stadt in Peking gehört er zu Chinas großen historischen Architekturkomplexen.

Besucher drängen sich durch die Tore wie Fans an Stadienausgängen nach einem Fußballspiel. Vor allem organisierter Tourismus ist es, der die Gedenkstätte überfällt – Pauschaltrips und Betriebsausflüge. Reiseführerinnen erklären über ihre Lautsprecher, was in der Ming-Dynastie und was in der Qing-Dynastie dazugebaut wurde. Eine Zypresse soll von Konfuzius selbst angepflanzt worden sein und die Essenz seiner Gedanken enthalten. Durch eine Nachbildung ersetzt worden ist die Statue des Meisters, die von Rotgardisten während der Kulturrevolution umgestürzt und an einem Strick durch die Stadt gezogen wurde. Vor der Statue kaufen Touristen Räucherstäbe, die je nach Länge und Umfang umgerechnet zwischen 6 und 48 Euro das Stück kosten – je größer die Investition, desto höher die Glücksdividende.

Einheitlich rote Baseballkappen tragen Mitglieder einer Reisegruppe aus Harbin, das ganz im Nordosten Chinas unweit der Grenze zu Russland liegt. Sie berühren eine Säule, in die Drachen eingraviert sind. Auch diese Kulthandlung soll Glück und Gesundheit bringen, Aberglaube gehört in China zum Alltag. So verbrennt man bei Beerdigungen beispielsweise Papierautos für die Toten – damit sie im Himmel etwas zum Fahren haben. Frauen der nordchinesischen Touristengruppe werfen sich vor der Konfuzius-Statue auf den Boden. »Eine Verbeugung, denke etwas im Herzen und es wird wahr werden«, schreit ein Tempeldiener. »Noch eine Verbeugung und 10 000 Wünsche werden wahr.«

Tempeldiener Li Qian sagt: »Der Konfuzianismus ist eine Religion. Ein berühmter Chinese sagte: Wenn die Chinesen an keine andere Religion glauben, dann können sie an Konfuzius glauben.« Eine intellektuell wirkende Passantin fällt ihm ins Wort: »Konfuzianismus ist eine Religion? Der Taoismus ist eine Religion, aber doch nicht die Lehren des Konfuzius.« Tatsächlich hatte Konfuzius gesagt: *»Achte die Geister und halte dich fern von ihnen.«*

»Der Konfuzianismus fing eigentlich damit an, dass er sich gegen die Religion wehrte«, erklärt Sinologe Tilman Spengler, »wie wir heute mit einem etwas schäbigen theologischen Begriff sagen würden, gegen den Aberglauben, also gegen den Glauben an Geistererscheinungen und Ähnliches mehr. Dagegen setzte Konfuzius ein Programm der Aufklärung. Umgekehrt hat aber der Konfuzianismus, seitdem er staatstragend geworden war, eine quasireligiöse Verehrung gefunden.«

Und der sind jetzt sogar die atheistischen Kommunisten

verfallen, auch Kader der Partei machen Konfuzius ihre Aufwartung. Begleitet von einem Fernsehteam und Fotografen, schließen ein KP-Provinzfunktionär und seine Entourage ihren langen Marsch durch den Geburtsort des Weisen beim Tempel ab. Einheitlich tragen sie blitzblanke und frisch gebügelte weiße Hemden, stramm posieren die Genossen vor dem »Tor des Respekts für den Heiligen«.

Wei Jing, Mitarbeiterin des Denkmalschutzamtes von Qufu, zeigt im Tempel ein Tor mit einer roten Holztür. Sie ist fast immer geschlossen und wurde früher nur für den Kaiser von China geöffnet. »Jetzt wird sie wieder geöffnet werden – für Generalsekretär Hu Jintao«, verrät die Denkmalschützerin, »denn heute nimmt er die Position ein, die früher der Kaiser hatte.«

Auch die roten Machthaber wollen jetzt profitieren von Aussagen des Konfuzius wie: *»Der Herrscher soll wie ein Polarstern sein. Er bleibt an einem Ort, während sich alle Sterne um ihn drehen.«* Gleichzeitig will die KP-Führung seine Lehren nutzen, um ihre eigenen Kader zu disziplinieren. Die Parteispitze zitiert jetzt sogar Funktionäre in die einstige Residenz der Konfuzius-Familie, um sie hier von den Verführungen der Korruption zu heilen. Eine Tafel berichtet von dieser neuen Entwicklung. »Die Anti-Korruptions-Kommission der Provinz-Parteiführung sitzt hier«, erläutert Denkmalschützerin Wei Jing. »Bestechliche Funktionäre müssen hierher zur Erziehung kommen.«

China-Kenner Tilman Spengler meint dazu: »Es ist ja in allen Ländern so, und es ist in der katholischen Kirche genauso: Ein mageres Einkommen muss durch ideologische Festigkeit kompensiert werden. Auch der chinesische Kader verdient wenig. Er hat Macht, aber er verdient nicht viel Geld. Hingegen verdienen die Leute, die seiner fürsorgenden Beachtung unterworfen sind, sehr viel mehr Geld als er. Dadurch entsteht eine gewisse Gewinnsucht, um es höflich zu sagen. Früher hat man das durch den Gedanken der Solidarität oder der Parteitreue oder der Parteidisziplin aufgefangen. Jetzt braucht man dafür irgendetwas anderes, denn diese alten Schoten zählen nicht mehr. Da kommt der Konfuzianismus gerade recht. Deshalb sagt die Partei: ›Packen wir jetzt mit Konfuzius zu.‹«

Tatsächlich kann es für die Kommunisten leicht zum Bumerang werden, wenn mehr Chinesen den echten Konfuzius kennenlernen. Zwar forderte er, der Untertan möge sich dem Herrscher unterordnen, gleichzeitig stellte er aber hohe Anforderungen an den Herrscher selbst. »*Will man Gehorsam durch Gesetze und Ordnung durch Strafe, dann wird sich das Volk den Gesetzen und Strafen zu entziehen versuchen und alle Skrupel verlieren*«, mahnte er. »*Wird hingegen nach sittlichen Grundsätzen regiert und die Ordnung durch Beachtung der Riten und der gewohnten Formen des Umgangs erreicht, so hat das Volk nicht nur Skrupel, sondern es wird auch aus Überzeugung folgen.*« Autoritäre Unterdrückung von Kritik lässt sich nicht mit Konfuzius rechtfertigen, im Gegenteil: »*Wenn nun der Herrscher Falsches oder Unrechtes sagt – und niemand widerspricht ihm –, kann da nicht tatsächlich ein Wort das Land fast ins Verderben stürzen?*« Er ermutigte zur Kritik, auch an ihm selbst: »*Dass die Menschen sicher meine Fehler erkennen, ist mein Glück.*« Immer mehr Chinesen machen heute von diesem Recht auf Kritik Gebrauch.

Der Rennfahrer trägt noch seinen Overall, als er auf der Shanghaier Rennstrecke *Tianma*, übersetzt »Himmelspferd«, an den Offiziellen vorbeigeht und ihnen den Stinkefinger entgegenstreckt. »Ich bedaure nur eins«, sagt der schüchtern und jungenhaft wirkende Rebell, »dass ich sie nicht mit beiden Händen verflucht habe. Aber mit der anderen habe ich gerade telefoniert.« Han Han, so heißt der Mann, brach als Teenager die Schule ab. Dafür hat er ein paar andere Talente: Chinas bekanntester Rennfahrer wurde im Jahr 2007 für das Team von

Shanghai Volkswagen chinesischer Champion; obwohl erst 29 Jahre alt, hat er als Schriftsteller bereits 14 Bücher veröffentlicht, von denen es fünf an die Spitzen der Bestsellerlisten brachten. Viele junge Chinesen finden seine Literatur genial, insbesondere wegen ihrer sarkastischen Kritik am autoritären System. Han Han singt und hat die Texte zu seinem Album mit dem Titel *Erst ab 18* selbst geschrieben; mit 440 Millionen Klicks ist er Chinas erfolgreichster Blogger und einer der ersten weltweit.

Als wäre das nicht genug, engagiert er sich auch noch für Menschenrechte, wofür er vor allem seinen Blog nutzt. »Die Stadtregierung hat schwere Verbrechen begangen, geraubt, betrogen und eine Mafia aufgebaut«, schrieb er etwa über einen Fall von Polizeibrutalität in Shanghai: Kopfgeldjäger sprangen in fremde Autos, behaupteten, sie seien krank, und baten darum, mitgenommen zu werden. Fuhren die Fahrer dann los, schnitt ihnen ein anderer Wagen den Weg ab, und Zivilpolizisten zerrten sie aus dem Auto und nahmen sie wegen »illegalen Taxibetriebs« fest. Die Opfer mussten jeweils eine Geldstrafe von 10 000 Yuan bezahlen, umgerechnet mehr als 1000 Euro. Mit solchen Fallen sollen Shanghaier Zivilpolizisten und von ihnen angeheuerte Schläger mehr als 50 Millionen Yuan erpresst haben.

Die Regierung wollte den Grünen Wall, eine Zensursoftware, in alle Computer einbauen lassen, angeblich um Kinder zu schützen. Da höhnte Han Han: »Jeder weiß, in unserem Land ist Jugendschutz die beste Ausrede, um die Kultur zu kontrollieren.« Er verlangt nach Freiheit: »Wir sollten verschiedene Stimmen akzeptieren, selbst wenn sie böswillig oder verletzend sind.« Den Nationalisten in seinem Land hält er entgegen: »Ich denke nicht, dass ich meine Nation bedingungslos lieben muss, nur weil ich hier geboren bin – ich habe mir das ja nicht ausgesucht.« Als ihm ein Reporter der *Chinesischen Illustrierten* vorwarf, er sei »verwestlicht«, entgegnete er: »Dass man etwas verwestlicht oder veröstlicht nennen kann, glaube ich nicht. Einziger Maßstab ist, ob es dem Menschen gerecht wird.«

Was nach Willkür aussieht, ist auch tatsächlich Willkür: Während Han Han in China ein Star ist, wurde der spätere Nobelpreisträger Liu Xiaobo wegen ähnlicher Äußerungen zu elf Jahren Gefängnis verurteilt. Der Präsident der unabhängigen Schriftstellervereinigung PEN in China ist Mitautor der Charta 08, die politische Reformen verlangt und in der es heißt: »Wir sollten damit aufhören, Worte zu kriminalisieren.« Von vielen anderen Kritikern unterscheidet er sich lediglich dadurch, dass er offen die zentrale Staats- und Parteiführung anprangert, während sich die meisten bewusst allgemeiner ausdrücken oder untergeordnete Instanzen angreifen. Die Richtersprüche gegen Liu Xiaobo und andere Dissidenten zeigen, dass China eine Diktatur geblieben ist. »Töte das Huhn, um den Affen zu erschrecken«, heißt ein chinesisches Sprichwort. »Bestrafe einen, erziehe Hunderte«, lautete Maos Rechtfertigung für politische Hinrichtungen. Neu ist jedoch: Die Abschreckung verfehlt immer öfter ihre Wirkung.

Dabei sind Blogs wie die von Han Han im sich schnell entwickelnden Internet – und im sich noch rascher verändernden China – schon wieder von gestern. Die neue Volksbewegung in China heißt *weibo*, wörtlich »kleine Blogs« oder Mikroblogs. Sie mischen Eigenschaften von Facebook und Twitter, die beide in China von der Zensur gesperrt sind. Eine Nachricht darf maximal 140 Zeichen haben, wie bei Twitter, nur kann man damit im Chinesischen mehr ausdrücken, da ein Schriftzeichen einem ganzen Wort entsprechen kann. Auch Fotos und Videos können versandt werden, vor allem aber kann jeder mitmachen. Bereits mehr als 200 Millionen Chinesen nutzen die Mikroblogs, und jeden Monat kommen zehn Millionen dazu. Fast jeder zweite der 485 Millionen chinesischen Internetnutzer schreibt demnach selbst mit. Die *weibo* sind also im gewissen Sinne »demokratischer« als die bisherigen Blogs.

Der Einfluss der Mikroblogs zeigte sich, als bei einer Kollision zweier Schnellzüge am 23. Juli 2011 nahe der Stadt Wenzhou 40 Menschen getötet und fast 200 verletzt wurden. Noch aus dem Zug sandten Passagiere die ersten Informationen, und als die Behörden dann versuchten, Aufklärung zu verhindern, schafften die Mikroblogs eine Gegenöffentlichkeit: »Jemand hat den Eisenbahnminister zum Rücktritt aufgefordert, während ich vorschlage, das Eisenbahnministerium aufzulösen, denn es ist ein Netz der Korruption«, schrieb der Politologe Liu Junning in seinem Mikroblog – solche Kommentare werden schnell weitergeleitet.

Die Offiziellen behaupteten, ein Blitzschlag habe zu der Katastrophe geführt, aber mit Ausreden dieser Art wollten sich die Bürger nicht zufriedengeben. Um die Ursachen zu vertuschen, hatten Bagger die Waggons einen Tag nach dem Unfall eingegraben und zugeschüttet. Die Proteste im Internet allerdings führten dazu, dass die Wracks wieder ausgegraben wurden. In einer Online-Umfrage wollte Sina Weibo, Chinas größte Mikroblog-Plattform, wissen, warum die Teile eingebuddelt worden waren. Nur 1 Prozent der Teilnehmer glaubte der offiziellen Erklärung: »für bessere Rettungsmaßnahmen«. 98 Prozent klickten an: »Zerstörung von Beweismaterial«. Auch grundsätzliche Fragen wurden gestellt. »Wir sind überall von diesem chinesischen Tempo umringt, alles wird irrational schnell entwickelt«, schrieb ein Nutzer, der sich »Zhongshendemori« nannte, in seinem Mikroblog. »Die menschliche Würde und unsere Seele bleiben oft auf der Strecke.« Als lokale Behörden Anwälte anwiesen, keine Zivilklagen von Opfern der Zugkollision zu übernehmen, machten Mikroblogger auch das schnell bekannt. Im Ergebnis mussten die Beamten zurückrudern, sie seien »missverstanden« worden. Drei Wochen später erreichte der Aufstand von Konfuzius' Kindern seinen größten Erfolg: Die Regierung beschloss, keine Genehmigung für Hochgeschwindigkeitsstrecken mehr zu erteilen, bis die Sicherheitsprobleme gelöst sind.

Chinas Führung zensiert das Internet, indem sie bestimmte Suchbegriffe und Blogs sperren lässt. Doch mit den Mikroblogs hat der Austausch von unten ein solches Ausmaß und Tempo erreicht, dass es den Internet-Polizisten schwerfällt, hinterherzukommen. Deshalb sagen viele junge Chinesen, sie empfinden heute größere Freiheit als noch vor wenigen Jahren. Dabei werden die Verbote zum Teil schärfer und die Überwachungstechnik wird perfekter – vor allem auch, weil die Führung eine Jasminrevolution nach arabischem Vorbild fürchtet. Jedoch verliert die Führung immer mehr die Kontrolle. *Qihu nanxia* lautet eine alte chinesische Weisheit, ins Deutsche übersetzt: »Wer den Tiger reitet, kann schwer wieder absteigen.«

Manchmal hingegen erscheint das anders, etwa im April 2011, als der Künstler Ai Weiwei auf dem Pekinger Flughafen verhaftet und dann für zweieinhalb Monate ins Gefängnis gesperrt wurde. Bevor das passierte, besuchten wir ihn. Mit seinem Vollbart und seiner kräftigen Gestalt sieht er ein bisschen so aus, wie man sich Konfuzius vorstellt. Viele chinesische Internetnutzer nennen ihn wegen seines mutigen Engagements den Heiligen Ai. Der 1957 geborene Sohn eines bekannten chinesischen Dichters wohnt am Stadtrand von Peking in einem traditionellen chinesischen Wohnhof, den er »Fälscher-Werkstatt« nennt. An die Mauer hat er »Fuck« gepinselt. In seinem Studio fällt eine Skulptur ins Auge – ein maskierter Räuber hat Sex mit einer Bäuerin. Man könnte glauben, Ai Weiwei sei ein Zyniker. Doch der Eindruck täuscht, denn neben dem Kunstwerk stehen die Ranzen von Kindern, die beim Erdbeben in der

Provinz Sichuan 2008 von einstürzenden Schulbauten getötet wurden. Die Eltern dankten ihm, schließlich hatte er sich ihrer Sache angenommen: Sie kämpften gegen korrupte Kader, die Gelder für erdbebensichere Gebäude in die eigene Tasche gesteckt hatten und die Schüler in Bauten »wackelig wie Tofu« umkommen ließen. Die Partei verschleierte das, übertönte die Trauer über die toten Kinder mit patriotischem Gebrüll über die »glorreichen Erdbebenhelfer«. Es war Ai Weiwei, der zu den Eltern fuhr und sagte: »Ganz China muss wissen, wie viele Schüler hier gestorben sind, wie sie heißen und welche Klasse sie besucht haben.«

Solche Nachforschungen sind in China gefährlich. Im August 2009 ging Ai Weiwei zum Gerichtsprozess gegen einen seiner Helfer in Sichuan. Leute von der Staatssicherheit nahmen den Künstler fest und verprügelten ihn. Er erlitt eine Hirnblutung und musste im Münchner Klinikum Großhadern operiert werden. Daraufhin unterschrieben bekannte Chinesen einen »Appell zur Unterstützung von Ai Weiwei«. Als die DDR 1976 den Sänger Wolf Biermann ausbürgerte, wurden vergleichbare Petitionen verfasst. Doch heute gibt es Mittel, von denen damals nicht einmal in Science-Fiction-Büchern etwas stand: Die Chinesen sammelten Unterstützer für ihren Appell online.

Ins Netz stellte Ai Weiwei auch die Geschichten der 7605 Schüler, die er als Erdbebenopfer gezählt hatte, woraufhin das Internet-Unternehmen seinen Blog schloss. Doch Ai Weiwei eröffnete an anderer Stelle einen neuen.

50 000 Internetpolizisten und 485 Millionen Internetnutzer spielen in China Katz und Maus. Die Polizisten suchen nach missliebigen Einträgen und löschen diese, versperren den Zugang zu Websites, die sie für gefährlich halten. Zynisch sprechen sie davon, sie »harmonisierten« das Internet – als würde die Zensur im Namen der Ideale von Konfuzius erfolgen. Wer nach Twitter, Facebook oder YouTube sucht, bekommt eine

Fehlermeldung. Wie die DDR in ihrer Endphase mit Reiseverboten auch die Bürger verärgerte, die lediglich ihren Urlaub im Ausland verbringen wollten, so bringt die chinesische Regierung auch die gegen sich auf, die nur Partyvideos oder ihre Gefühle bei einem Sonnenuntergang verbreiten wollen. Gleichzeitig sind sie aber schlau und hartnäckig genug, um mit immer neuen technischen Tricks die elektronische Chinesische Mauer zu überwinden.

Als Ai Weiweis Blog wieder einmal verboten wurde, stellte der rundliche ältere Mann ein Nacktfoto von sich selbst ins Internet, mit einem Plüschtier vor den Genitalien, einem kleinen weißen Lama. Dieses Tierchen ist in China als *cao ni ma* bekannt, wörtlich »Gras-Schlamm-Pferd«. Das klingt harmlos, ist es doch eines von zehn Tieren in den uralten chinesischen Sagen. Heute ist es aber zugleich ein Symbol dafür, wie man die Internetfilter auch dadurch umgeht, dass man Reizwörter vermeidet und sie durch andere ersetzt, die zwar ähnlich ausgesprochen, aber anders geschrieben werden. *Cao ni ma* kann man nämlich auch als derben Kraftausdruck verstehen, der auf einen Geschlechtsakt mit der eigenen Mutter anspielt. Geschichten und Videos im chinesischen Internet handeln davon, wie Flusskrebse, chinesisch *hexie*, dem Gras-Schlamm-Pferd das Gras wegfressen. *Hexie* bedeutet bei leicht anderer Betonung aber auch »Harmonie«. So weist diese Episode verdeckt darauf hin, wie die Kommunistische Partei Konfuzius missbraucht, um Abweichungen im Internet und anderswo zu bekämpfen. Wegen dieser tiefsinnigen Hintergründe wurde ein Video des niedlichen kleinen Lamas innerhalb von zwei Monaten 1,4 Millionen Mal aufgerufen.

Wie sagte doch Konfuzius: »*Ein treuer Diener kann den Herrn auf fünferlei Art mahnen, auf Umwegen, durch unverblümte, unterwürfige, direkte oder ironische Mahnungen. Man muss in jedem Fall bei der Auswahl seinen Herrn berücksichtigen. Im Allgemeinen bin ich für ironische*

Mahnungen.« Und doch schlug das Imperium zurück: Ai Weiwei wurde verhaftet. In Chinas Führung nämlich tobt ein Machtkampf, der bisweilen als ein Konflikt zwischen Liberalen und Hardlinern bezeichnet wird. Vielleicht verlaufen die Fronten aber auch ganz anders: Manche lieben China und wollen das Land mit konfuzianischer Weisheit regieren; andere wiederum begehren Bestechungsgelder und wollen vor allem deshalb ihre Macht sichern.

Dafür sprechen obskure Vorgänge zu Beginn des Jahres 2011: Im Januar wurde auf dem Platz des Himmlischen Friedens feierlich eine 9,5 Meter hohe Bronzestatue von Konfuzius eingeweiht. Sie blickte auf die Verbotene Stadt und auf das große Porträt Maos, der die Mitte des Reichs der Mitte nun nicht mehr für sich allein hatte. Drei Monate später wurde Konfuzius im Dunkel einer Nacht wieder entfernt und an einen unauffälligen Ort im Innenhof des Nationalmuseums versetzt – angeblich sei das von Anfang an so geplant gewesen. Dass Ai Weiwei im selben Monat verhaftet wurde, ist wohl Zufall – beides aber zeugt von den inneren Widersprüchen im neuen China. Ein Internetnutzer schrieb über das Verschwinden von Konfuzius: »Er ist wohl abgeholt worden. Die Anklage dürfte auf Wirtschaftsverbrechen lauten.«

Chinesen verstehen, worauf er anspielte, denn die Behörden erklärten Ais Verschwinden zunächst gar nicht, dann behaupteten sie, er habe Steuern hinterzogen. Als er nach zahlreichen Protesten wieder freigelassen wurde, drückte er sich in einem Interview der englischsprachigen chinesischen Tageszeitung *Global Times* gegenüber, die unter Schirmherrschaft des KP-Zentralorgans, der *Volkszeitung*, erscheint, vorsichtig aus: »Das Regime mit einer radikalen Revolution umzustürzen löst Chinas Probleme nicht.« Gleichzeitig erklärte er aber, und das wurde auch so gedruckt: »Ich werde mich nie aus der Politik heraushalten, keiner von uns kann das. Wir leben in einer politisierten Gesellschaft. Wenn du kneifst, gibst du deine Rechte auf. Natürlich mag man ein leichteres Leben führen, wenn man auf einige seiner Rechte verzichtet. Aber es gibt zu viele Ungerechtigkeiten und begrenzte Mittel für die Bildung. Sie alle schmälern das Glück. Niemals werde ich aufhören, gegen das Unrecht zu kämpfen.«

Inzwischen sieht Ai Weiwei also nicht nur wie Konfuzius aus. Er redet auch wie der Weise zu Zeiten, als dieser gegen das Unrecht im Staate Lu auftrat. Allerdings riet Konfuzius dabei auch zu einer gewissen Vorsicht: »*Man sollte beherzt handeln, doch seine Worte zurückhalten.*« Bei Han Han, dem Rennfahrer, Schriftsteller, Sänger und Blogger, klingt das so: »Ich kann mich damit abfinden, dass es in absehbarer Zeit keine wirkliche Demokratie mit mehreren Parteien in diesem Land geben wird.« Darin unterscheidet er sich von offenen Regimekritikern wie dem Nobelpreisträger Liu Xiaobo, der wegen solcher Forderungen im Gefängnis sitzt. Der Rennfahrer weicht einer solchen direkten Konfrontation aus, er meint: »Es gibt dringendere und realistischere Anliegen wie Pressefreiheit und Freiheit der Kultur. Zumindest sind diese Angelegenheiten nicht hoffnungslos. Und ich ziehe es vor, Dinge zu tun, die nicht hoffnungslos sind.«

Was der Westen von Konfuzius lernen kann

Als Guido Westerwelle von »spätrömischer Dekadenz« in deutschen Landen sprach, wurde ihm zu Recht Ignoranz vorgeworfen. Schließlich bezog er seinen Vergleich auf Empfänger von Hartz IV, also auf die Schwächsten in der Gesellschaft. Spätrömische Dekadenz herrscht aber durchaus; etwa wenn Manager von Kaufhäusern oder Banken Millionen von Euro an Tantiemen kassieren, während ihre Angestellten gleichzeitig die Arbeit verlieren oder die Einlagen ihrer Kunden sich in Luft auflösen. Oder wenn »Wutbürgern« der Schutz eines Käfers wichtiger ist als vernünftige Zugverbindungen. Oder auch wenn »Normalbürger« kein höheres Ziel im Leben mehr haben als den nächsten Urlaub. Vergleicht man derartige Tendenzen mit dem aufsteigenden China, drängt sich tatsächlich die Frage auf, ob der Westen nicht im Begriff ist unterzugehen – wie einst das Römische Reich: übersättigt und arrogant.

Einen Mangel an hohen Zielen kann man Kai-Alexander Schlevogt nicht vorwerfen. Der Deutsche war der erste fest angestellte ausländische Professor an der Peking-Universität, unterrichtete dort Management auf Chinesisch. Mehrere Jahre lehrte er in Singapur und wechselte 2011 nach Russland zur St.-Petersburg-Universität. Den Verfasser der wissenschaftlichen Untersuchung *The Art of Chinese Management* bewegt die Frage, was der Westen von Konfuzius lernen kann. Schlevogts Antwort ist klar: »Sehr viel!« Er ist überzeugt: »Der Konfuzianismus ist jetzt schon 2500 Jahre alt, aber mutet geradezu avantgardistisch an. Die Kunst des chinesischen Managements ist für mich ein Leitbild für die Organisation der Zukunft.« Er sieht sich darin durch globale Entwicklungen in den letzten Jahren bestätigt. »Die Finanzkrise hat gezeigt, dass Unternehmen nicht wie bisher weitergeführt werden können«, meint er. »Die meisten Unternehmen im Westen setzen überwiegend auf materielle Anreize, um das Verhalten ihrer Mitarbeiter zu steuern. Dadurch werden diese zu Fremdenlegionären. Das Unternehmen ist nur noch eine anonyme Körperschaft, ein Bündel von Verträgen.« Wenn überhaupt. Viele haben oft nicht einmal mehr einen Vertrag mit dem Unternehmen, für das sie arbeiten. 2010 stieg die Zahl der befristet Beschäftigten in Deutschland auf acht Millionen. 75 Prozent des Jobwachstums gehen auf Leiharbeiter und befristet Beschäftigte zurück. Das spart kurzfristig Kosten, untergräbt aber die Loyalität und verhindert eine Identifikation der Mitarbeiter mit dem Unternehmen. Sie suchen nur noch ihren persönlichen Vorteil und verlieren ihr Interesse an der Arbeit. In der Sowjetunion und der DDR hat man gesehen, wohin das führt – im Zweifel zum Ende von ganzen Staaten. Motto: Die tun so, als würden sie uns bezahlen. Dann tun wir so, als würden wir arbeiten.

Der westliche Reflex bei derlei Fragen: Behandeln chinesische Fabrikanten ihre Arbeiter nicht sehr viel schlechter? Rein materiell stimmt das natürlich, wobei das neue China auf einem sehr viel niedrigeren Niveau angefangen hat. Die Tendenz geht aber dahin, die Arbeitsbedingungen zu verbessern. 2006 legte Chinas Premierminister Wen Jiabao den Entwurf für ein neues Arbeitsrecht vor. Wer ohne Vertrag beschäftigt war, galt danach als unbefristet angestellt – mit einklagbarem Kündigungsschutz. Leiharbeit sollte auf ein halbes Jahr beschränkt sein, danach müssten die so Beschäftigten in ein festes Anstellungsverhältnis übernommen werden. Das Recht auf einen Arbeitsvertrag hat sich durchgesetzt, andere Teile des Entwurfs wurden verwässert. Gescheitert sind sie nicht am Widerstand chinesischer Unternehmer, sondern an massiven Interventionen der Amerikanischen und der Europäischen Handelskammer in China.

Chinesische Unternehmen fördern die Gemeinschaft ihrer Mitarbeiter stärker. Wer in China nachmittags zwischen 5 und 6 Uhr in ein Restaurant geht, sieht, wie die Kellner vor der Tür dem Manager lauschen und auf gemeinsame Erfolge eingeschworen werden. In Europa und den USA dagegen, so Schlevogt, »treten Verhaltensmuster, die der Gemeinschaft dienen, immer seltener auf. Vom Konfuzianismus können wir lernen, mehr auf Werte zu setzen, diese vorzuleben und zu festigen. Im Westen geht es vor allem um Recht und Gesetz, man bestraft Verhalten, nachdem es aufgetreten ist. Das Entscheidende beim Konfuzianismus ist die Betonung des Humankapitals und des Sozialkapitals. Das ist ein schöner Kontrast zur Herrschaft des Finanzkapitals.«

Der Managementprofessor meint, Chinas Aufstieg habe sehr viel mit dem Erbe von Konfuzius zu tun. Trotz Kommunismus sei China stark von konfuzianischen Werten geprägt, was sich gerade in Krisenzeiten als wertvoll erweise. »Chinesische Manager sind äußerst anpassungsfähig und arbeiten überaus kosteneffizient. Sie nutzen Netzwerke, die vor allem auf Vertrauen aufgebaut sind und weniger auf Verträgen. Konfuzius betont die menschlichen Beziehungen, Harmonie, Vertrauen, aber auch den Respekt für Autorität, Respekt für die Alten, Respekt für die Menschen in Führungspositionen. So wird der Zusammenhalt gewahrt. Wir im Westen hingegen sind eine

Konfliktgesellschaft. Bei aller Betonung von Konflikten ist es aber nützlich, mehr auf Harmonie und Zusammenhalt zu setzen, Vertrauen aufzubauen.«

Weiterhin gilt mit Winston Churchill: Von allen denkbaren Regierungsformen ist Demokratie die am wenigsten schlechte. Das Problem sind nicht die demokratischen Institutionen, sondern ihr Missbrauch, der auf aggressivem Individualismus und Maßlosigkeit fußt. Es ist gut, wenn sich Präsident und Kongress in den USA gegenseitig kontrollieren. Schlecht ist, wenn ideologische Verbohrtheit dazu führt, dass sie kaum noch einen Haushalt verabschieden können. Bürger haben das Recht, gegen einen Bahnhof oder welches Bauwerk auch immer zu demonstrieren. Vergleicht man diesen Konflikt aber mit dem Kampf gegen die Rassentrennung in Südafrika oder mit dem Zweiten Weltkrieg, dann wird es absurd. Anwälte haben die Interessen ihrer Mandanten zu vertreten. Wenn man aber kein Buch im Internet kaufen kann, ohne komplizierte Geschäftsbedingungen durchzulesen, oder bei Fotos und Filmarbeiten schriftliche Einverständniserklärungen von den Abgebildeten erwartet werden – obwohl sie, wie man auf dem Bild sieht, zum Interview bereit waren –, dann erhofft man sich weniger Spitzfindigkeit des Rechtsstaats und stattdessen mehr gesunden Menschenverstand. Und davon kann man bei Konfuzius viel finden. Er vertritt eine Philosophie der Ordnung, aber auch des Pragmatismus, der Menschlichkeit und – vor allem – der Aufklärung.

Die sei auch in der Bildung empfohlen, wo sich in Deutschland Kultusminister aus 16 Bundesländern selbst verwirklichen und die Schüler zu Versuchskaninchen degradieren, statt einfach den Unterricht zu verbessern. »Für Konfuzius war es sehr wichtig, dass die Menschen immer lernen«, sagt Professor Schlevogt. »Das begünstigt, kritisch angewandt, die Innovation.«

Die einzige Innovation in Deutschland jedoch, so scheint es manchmal, ist der Abbau von Arbeitsplätzen – und damit von Service. Am Flughafen muss man selbst die Check-in-Geräte bedienen. Im Baumarkt sucht man vergeblich einen freien Berater. Die einzig erreichbaren Telefonnummern vieler Dienstleistungsunternehmen sind an externe Callcenter weitergeleitet – sofern man nicht ohnehin in der Warteschleife hängen bleibt. Das Ergebnis sind unzufriedene Kunden und arbeitslose oder in neuen Jobs schlechter bezahlte Menschen, die dann auch weniger kaufen können. Eine Spirale nach unten.

Auch international wirkt die asiatische Politik der Harmonie erfolgversprechender als die westliche des schnellen Eingreifens. »Während Bush seinen Krieg gegen den Terror führte, war ein Drittel der Menschheit in Asien damit beschäftigt, Anschluss an die Weltwirtschaft zu finden und sie zu stärken«, schreibt Roger Cohen, Kolumnist der *International Herald Tribune*. »Hunderte von Millionen, vom Mekongdelta bis nach Zentralchina, haben so die Armut überwunden. Trotz nach wie vor riesiger Probleme – der Aufstieg Indiens und Chinas relativiert die Höhlen von Waziristan.«

Vielleicht haben die Chinesen schlicht die bessere Weltanschauung. Trotz aller Aufmerksamkeit für fundamentalistische Fanatiker in Orient und Okzident: An einen Gott, der alles sieht, alles kann und alle liebt, glauben immer weniger Menschen in einer modernen Welt. Sie wollen teilhaben am irdischen Leben, irdischen Reichtum und an irdischer Freiheit. Ganz simpel im Hier und Jetzt. Vielleicht erlebt Konfuzius deshalb ein so gewaltiges Comeback in seiner Heimat China, 2500 Jahre nach seinem Tod. Er predigte Moral und Gemeinschaftssinn ohne Bezug auf Übersinnliches. Und natürlich Erfolg.

Deutsche, Franzosen und Amerikaner werden Individualisten bleiben und keine strengen Konfuzianer werden – da haben andere schon 2500 Jahre Vorsprung. Aber ein wenig könnte der Westen von China lernen, wenn er im 22. Jahrhundert auch noch mitreden will. In welcher Sprache auch immer.

Quellen

Das meiste, was in diesem Buch erzählt wird, beruht auf eigenen Reportagen und Interviews. Dies sind einige weitere Quellen, aus denen wir schöpften:

Daniel A. Bell, *China's New Confucianism*, Princeton und Oxford 2008

Henrik Bork, »Verscharrte Wahrheit. Chinas Regierung sieht sich nach der Zugkollision mit 39 Toten Vertuschungsvorwürfen und ungewohnt offener Kritik ausgesetzt«, *Süddeutsche Zeitung* vom 4. August 2011

Jung Chang/Jon Halliday, *Mao. Das Leben eines Mannes, das Schicksal eines Volkes*, München 2005

Amy Chua, *Die Mutter des Erfolgs. Wie ich meinen Kindern das Siegen beibrachte*, München 2011

Thomas L. Friedman, *Die Welt ist flach. Eine kurze Geschichte des 21. Jahrhunderts*, Frankfurt am Main 2006

Peter Hessler, *Über Land. Begegnungen im neuen China*, Berlin 2011

Konfuzius, *Gespräche (Lun-yu)*. Aus dem Chinesischen übersetzt und herausgegeben von Ralf Moritz, Stuttgart 1998

Nicholas D. Kristof / Sheryl WuDunn, *China erwacht. Die zwei Gesichter einer Weltmacht*, Düsseldorf 1995

Brook Larmer, *Operation Yao Ming. The Chinese Sports Empire, American Big Business, and the Making of an* NBA *Superstar*, New York 2005

Liu Dalin / Erwin J. Haeberle, *Die Harmonie von Yin und Yang. 5000 Jahre Sexualkultur in China*, Berlin 2004 (nur im Internet abrufbar unter: http://www2.hu-berlin.de/sexology/GESUND/ARCHIV/YuY.htm)

Andreas Lorenz, *Die asiatische Revolution. Wie der »Neue Osten« die Welt verändert*, Hamburg 2011

Marco Polo, *Von Venedig nach China. Die größte Reise des 13. Jahrhunderts*, Stuttgart und Wien 1983

Matthias Schepp, »China – Fabrikhalle der Welt«, *Stern* 33/2004

Kai-Alexander Schlevogt, *The Art of Chinese Management: Theory, Evidence and Applications*, Oxford und New York 2002

Mark Siemons, »Wo wir unser Herz verloren haben«, *Frankfurter Allgemeine Zeitung* vom 25. Oktober 2011

Kai Strittmatter, *Gebrauchsanweisung für China*, München 2004

Abdoulaye Wade, »Time fort the west to practise what it preaches«, *Financial Times* vom 23. Januar 2008

Helen H. Wang, *The Chinese Dream. The Rise of the World's Largest Middle Class and What It Means to You*, (ohne Ort) 2010

Yu Dan, *Konfuzius im Herzen. Alte Weisheit für die moderne Welt*, München 2009

Volker Zotz, *Konfuzius*, Reinbek 2008

Register

Nowosibirsk
RUSSLAND
Karaganda
KASACHSTAN
MONGOLEI
Almaty
Urumqi
KIRGISISTAN
XINJIANG UIGUR [SINKIANG]
(Autonome Region)
GANSU
Xining
QINGHAI
VOLKSREPUBLIK
TIBET
(Autonome Region)
Lhasa
NEPAL
Katmandu
BHUTAN
Thimpu
INDIEN
Provinzgrenzen
Hauptstädte
Regierungsunmittelbare Städte
Sonderverwaltungsregionen
Provinzhauptstädte und Hauptstädte von autonomen Regionen
Weitere Orte, die in diesem Buch eine wichtige Rolle spielen
Dhaka
Kalkutta
Mandalay
BANGLA-DESCH
MYANMAR
(Burma)
Golf von Bengalen